40년 노하우로 완성한 상속·증여 절세 가이드

실제 상담사례 기반

최신 세법 반영

절세 전략 & 세무조사 대비

택스케어 상속증여 솔루션

부모님 뜻에 반하더라도
준비해야 하는 상속증여 10대 전략

[기본편] [응용편]

솔루션1.	솔루션2.	솔루션3.	솔루션4.	솔루션5.	솔루션6.	솔루션7.	솔루션8.	솔루션9.	솔루션10.
1-1.	2-1.	3-1.	4-1.	5-1.	6-1.	7-1.	8-1.	9-1.	10-1.
1-2.	2-2.	3-2.	4-2.	5-2.	6-2.	7-2.	8-2.	9-2.	10-2.
1-3.	2-3.	3-3.	4-3.	5-3.	6-3.	7-3.	8-3.		10-3.
1-4.	2-4.	3-4.	4-4.	5-4.		7-4.	8-4.		
1-5.	2-5.	3-5.	4-5.	5-5.		7-5.			
	2-6.	3-6.	4-6.	5-6.		7-6.			
	2-7.	3-7.	4-7.	5-7.					
		3-8.							

프롤로그

▸ 상속증여 플랜전문가와 책 활용법
▸ 사후적인 세무신고에서 사전적인 세무 플랜으로 세무사의 역할 변화

/

세무법인 택스케어 대표세무사 김수철

1995년 서울대 경영학과에 입학했을 때 막연히 세무사는 안 하기로 정했다. 규모가 꽤 큰 세무사 사무소를 하고 있던 아버지 말씀이 세무사가 주로 하는 세무신고는 경제 활동이 발생한 후 사후적 신고를 하는 업무이니 미래 지향적인 경영학과는 맞지 않다고 하셨다.

졸업 후 아버지 말씀대로 미래를 예측하는 업무를 하였다. 마케팅 리서쳐로서 핸드폰이 출시되기 전에 미래 고객들이 어떻게 핸드폰을 잡는지, 어떤 모양과 기능의 핸드폰을 원하는지 밝혀내는 시장조사라는 업무로 사회생활을 시작하였다.

이후 컨설팅회사에서 경영 컨설턴트로서 기업이라는 조직이 어떤 전략을 갖고 경쟁해야 하는지, 어떤 성과 평가 시스템을 갖고 적절한 보상을 해줘야 하는지 등 주로 기획과 전략, 성과 평가 같은 업무를 하였다.

그렇게 커리어를 쌓아가고 있는 나에게 18년간 진로에 대해 말씀이 없으셨던 아버지가 갑자기 세무사를 권하셨다. 세무법인에서 사후적 신고 말고 미리 사전적 계획을 짜는 것을 해보고 싶은데 내가 해보는 게 좋을 것 같다는 제안이었다.

이 제안으로 난 2013년에 세무사에 합격하고 이듬해에 세무법인 택스케어를 설립하였다.

설립 당시부터 세무 플랜을 중요하게 생각하였다. 고객들이 아직 벌어지지 않는 일들을 나에게 상담하기 시작하였다.

특히 부동산을 아직 팔지 않았는데 세금이 얼마가 나올지, 그 돈을 어떻게 다시 투자할지, 자녀에게 증여를 얼마나 언제 할지, 아니면 상속까지 기다릴지 등 신고 업무보다 오히려 세무 계획(플랜) 관련 업무가 더 많았다.

그러던 중 2019년 오렌지라이프(구 ING생명, 현 신한라이프) 요청으로 고소득자를 대상으로 소득과 재산의 라이프밸런스를 갖추자는 취지의 강의를 진행하였다. 구체적인 상담을 신청한 분들에게 2-3페이지의 상속증여 플랜을 짜서 직접 방문 상담까지 해 드렸다.

이 양식은 5년 넘게 사용하면서 약간의 변화는 있었으나 여전히 사용 중이다. 지난 5년 동안 적게는 월 2회, 많게는 월 8회까지 상속증여플랜을 짜왔다. 관련 케이스가 쌓였고 관련 세무조사도 여러 번 받았다. 이런 과정에서 일종의 DB 구축이 가능했다.

이후 택스케어의 고객 수가 5천여 명까지 증가하면서 세무 플랜 의뢰도 함께 늘었다. 재산 규모가 크든 작든 상속이나 증여, 양도 플랜 등 재산 분배에 대한 필요가 있기 때문이다. 이제 지난 10년간의 경험을 바탕으로 좀 더 체계적으로 세무 플랜 업무를 제공하고자 한다. 이에 맞춰 택스케어 상속증여연구소를 설립하였고, 연구소 소속 4명의 세무사가 의기투합하여 이 책을 함께 썼다.

이 책의 구성을 보면 52개의 실사례들을 10개 솔루션으로 분류하고 세법과 절세 방안을 제시하고 있다. 또한 국세청에서 세법 외에 참고하는 내부규정과 판례(예규 판례)를 소개하고 있다.

솔루션 1부터 솔루션 5까지는 기본편으로 상속세 및 증여세법의 기본적인 내용을 사례와 함께 설명하고 있다. 상속 증여에 대한 관심이 있으나 본격적으로 실행 계획을 세우지 않은 독자는 기본적인 내용부터 숙지하는 것을 추천한다. 이후는 응용편으로 솔루션 6은 가족법인, 솔루션 7은 가업승계, 솔루션 8은 미술품·가상자산·신탁 등, 솔루션 9는 국제조세, 솔루션 10은 세무조사를 다루고 있기 때문에 관심있는 주제부터 발췌해서 읽을 수 있다.

2024년 7월에 〈상속세 및 증여세법〉 정부 개정안(세율 인하와 공제 확대)가 발표되었는데 12월 10일 탄핵정국 속에 부결되었다. 개정이 일부 되었더라도 여전히 상속세와 증여세는 부담스러운 수준이었는데 부결까지 되니 상속증여 플랜과 대비가 더욱 중요한 시기라 여겨진다.

▲

2025년 1월

세무법인 택스케어 부설 상속증여연구소에서

[2019년 당시 상담 리포트 사례]

1. 의뢰 내용 및 최종 목표
(1) 현시점 기준 예상 상속 세액
(2) 상속세를 줄이기 위한 증여 전략
(3) 목표 : 증여와 양도를 통해 전체 세금을 최소로 만들 수 있는 플랜 마련

2. 기초자료
(1) 재산내역 : 금융재산 잔고, 부동산 주소지, 부동산 평가금액
(2) 가족관계 : 한국 거주자 여부, 나이, 10년 이내 증여세 신고 여부

3. 관련 법률 및 예규 판례 규정

4. 절세방안 : 양도 또는 증여 플랜에 따른 예상 상속세 시뮬레이션

감수를 마치며

세무법인 위드원 대표세무사 김재철

재산세제는 매우 복잡하지만, 납세자와 과세관청 모두가 윈윈(win-win)할 수 방안을 찾기 위해서는 납세자부터 바뀌어야 합니다. 본인과 본인 가족의 재산 상황은 본인이 가장 잘 알 수밖에 없습니다. 이런 인식에 따라 세무 지식을 미리 갖춘 다음 전문가에게 상담을 받는 것이 가장 효율적입니다.

국립세무대학 4회 졸업 후 재산세 조사를 담당하는 서울 조사3국장과 중부지방국세청장까지 36년간 국세 업무를 해 왔습니다. 국세청에서 근무하다 보면 안 내도 될 세금이 세법에 대한 지식 부족으로 인해 추징되는 경우가 생각보다 많은 편인데, 자산을 이전하기 전에 미리 낼 세금을 예측해보고 실행했으면 세무 조사 과정에서 추징을 안 당하는 경우가 많다는 얘기입니다.

세무법인 택스케어의 젊은 세무사들의 열정으로 쓴 상속증여솔루션을 감수하면서 여기에 저희 세무법인 위드원의 과세관청 입장의 노하우가 결합한다면 많은 분에게 그 혜택을 줄 수 있을 거라 생각했습니다.

이 책은 부모님 뜻에 반하더라도 준비해야 하는 상속증여 10대 전략이라는 부제 아래 솔루션 1부터 솔루션 10까지 상속과 증여에 대한 구체적인 사례 52꼭지를 소개하면서 세법 이론, 신고 실무, 예규 판례를 통해 국세청의 실무 처리 규정까지 설명하고 있습니다. 전체적으로 보면 양이 많아 보여도 백과사전처럼 독자 본인이 필요한 부분만 골라서 참고해도 도움이 될 것입니다.

저 역시도 거의 40년 국세행정을 해 왔지만, 이번 저술과 감수를 통해 이론적으로 많이 배우고, 또한 납세자들이 어떤 궁금증을 갖고 있는지 다시 한번 깨닫게 되었습니다. 상속증여솔루션을 통해 앞으로 상속, 증여 및 양도 이후에 억울한 세금을 추징당하는 일이 줄어 들기를 기원합니다.

▲

2025년 1월
세무법인 위드윈 삼성동 사무실에서

추천사

세무법인 택스케어 회장 김성일 세무사

지금으로부터 약 20년 전 2003년 1월 당시 세무법인 택스홈앤아웃에 기장을 맡기던 고객들이 상속할 때 미리 알았으면 절세했을 텐데 하는 안타까움에 〈상속증여 만점 세무〉를 출간하여 많은 관심을 받았습니다.

당시 절세법으로 흔하게 알려져 있던 일부 탈세 행위들은 전산이 발전한 현재는 상속세 세무조사를 통해서 거의 다 적발이 되어 무거운 가산세를 내며 탈세로 추징 당하고 있습니다. 과거 유명했던 소위 '절세법'은 아래와 같습니다.

- 통장에서 출금해서 현금을 준다.
- 유학자금 명목으로 거액을 해외 송금한다.
- 부담부증여 후 빚을 대신 갚아 준다
- 부동산을 자녀에게 저가로 양도한다
- 추적이 힘든 고가의 미술품을 물려준다.
- 유망한 신사업 법인의 주식을 자녀에게 미리 증여한다.
- 자녀의 법인에 일감을 몰아준다.
- 인수합병 등을 통해 자녀를 대주주로 만든다.

하지만 아직도 이런 방법들이 마치 적법한 절세법처럼 유튜브 등을 통해서 확산되는 현실이며 국세청은 이런 동영상까지 꼼꼼히 체크해 가면서 탈세 유형을 정리, 조사하고 있습니다.

그렇다면 최고의 절세방법은 무엇일까요? 세법과 실무를 잘 아는 전문가 집단에 세무 이슈를 맡겨서 신고부터 세무조사까지 함께 미리 대비하는 것이며, 택스케어 상속증여연구소의 상속증여솔루션은 가장 적합한 책 중에 하나일 것이라고 믿습니다.

이제 80을 바라보는 나이에 우리 집의 상속증여 플랜을 이 책과 함께 다시 한번 점검해 보고자 합니다. 제 나이대의 분들과 자녀 세대들 모두에게 이 책은 함께 상속증여 플랜을 짜고 신고에 대비할 수 있다는 점에서 추천하는 바입니다.

2025년 1월
세무법인 택스케어 논현동 사옥에서

[기본편]

▼ 부모님 뜻에 반하더라도 준비해야 하는 상속증여 10대 전략

▶ 솔루션 1.
상속증여 플랜을 맡기기 전에 상속세 및 증여세법 포인트부터 숙지하자.

    1-1. 상속세와 증여세 세율은 같다. 50
    1-2. 상속세와 증여세는 공제 규모에 큰 차이가 있다. 54
    1-3. 상속세와 증여세는 계산하는 방식(유산 과세형 vs 유산 취득형)도 다르다. 60
    1-4. 우리 집도 상속세가 나올 수 있다. 66
    1-5. 본인이 직접 시골 땅 증여세를 신고할 경우 문제가 될 수 있다. 72

▶ 솔루션 2.
상속증여에 대해 부모님께 말 꺼내기 힘들더라도 플랜은 미리 준비하자.

    2-1. 상속과 증여 중 어떤 방법이 더 유리할까? 78
    2-2. 상속·증여와 양도, 부담부증여 어떤 게 유리할까? 84
    2-3. 주택을 증여받거나 상속받을 때 관련 세금은 어떻게 될까? 90
    2-4. 부동산 상속 증여할 때 감정평가를 꼭 해야 하나? 96
    2-5. 자녀 명의의 주식을 관리하고 있다면 언제 증여하는 게 좋을까? 100
    2-6. 조부모와 부모에게 각각 받는 증여재산은 어떻게 신고해야 할까? 106
    2-7. 사위와 며느리에게 증여하는 것이 과연 절세방안일까? 112

▶ **솔루션 3.**

증여 대상이 무엇인지 분명히 알고 증여세 신고를 하자.

3-1. 부모에게 받은 축의금과 생활비, 손주들 학비 증여세 문제가 없을까? 120

3-2. 가족 간의 돈 거래, 갚을 건데 어디까지 대여이고 증여일까? 126

3-3. 결혼할 자녀의 주택 마련, 어디까지 증여세를 안 내도 될까? 134

3-4. 부모님 소유 아파트에서 전세보증금을 안 내고 산다면 세무 문제가 있나요? 140

3-5. 증여받은 재산을 반환할 경우 다시 증여세가 나올까? 144

3-6. 부모의 부동산을 담보로 사업자금 대출받는 경우에도 증여세가 나올까? 148

3-7. 증여받고 10년 동안 팔면 안된다는 말이 무슨 뜻일까? 152

3-8. 가족끼리 싸게 사고 팔면 양도세와 증여세를 줄일 수 있을까? 158

▶ **솔루션 4.**

상속세 신고는 6개월짜리 장기 레이스임을 알고 신고하자.

4-1. 상속세 신고와 납부는 언제 어떻게 하는 걸까? 166

4-2. 배우자공제를 활용하면 상속세 절세에 큰 도움이 될까? 174

4-3. 유언이 상속세에 어떤 영향을 끼칠까? 180

4-4. 돌아가시기 전에 부모님 재산을 처분하면 상속세가 줄어들까? 184

4-5. 국세청이 상속세나 증여세를 부과할 수 있는 기간이 10년이라는데, 정말 안 내는 걸까? 188

4-6. 유류분 반환청구, 상속받지 못한 상속인의 마지막 수단이 될 수 있을까? 194

4-7. 상속 재산을 포기하면 상속세를 안 내도 될까? 200

▶ 솔루션 5.
상속세 납부를 위해 미리 준비해야 하는 포인트가 있을까?

5-1. 종신보험을 상속세 재원 마련을 위해 어떻게 활용할 수 있을까? 206

5-2. 세금을 주식이나 부동산으로 대신 내도 될까? 212

5-3. 당장 증여세나 상속세를 낼 수 없을 때 나눠서 낼 수 있을까? 216

5-4. 등기가 안된 상속받은 부동산을 매매할 수 있을까? 222

5-5. 혼인신고와 이혼은 상속세에 영향을 줄까? 228

5-6. 상속인인 자녀 대신 손자에게 상속하려면 어떻게 해야 할까? 232

5-7. 10년 이내 재상속되는 재산의 경우 상속세는 얼마나 나올까? 238

[응용편]

부모님 뜻에 반하더라도 준비해야 하는 상속증여 10대 전략

▶ 솔루션 6.
가족법인을 활용하면 상속증여 절세에 효과가 있을까?

6-1. 가족법인을 설립하면 상속증여에 유리할까? 246
    참고. 특정법인과의 거래를 통한 이익의 증여 의제
6-2. 개인 소유 임대부동산을 임대법인으로 전환하면 상속증여에 유리할까? 254
    참고. 성실신고확인대상 소규모법인
6-3. 가족 주주 중 부부 대신 자녀에게만 배당해도 될까? 264

▶ 솔루션 7.
가업승계, 가업상속공제만 믿고 있을 수 없다.
[가업승계 상속증여 지원 제도 개요]

7-1. 최대 600억 가업상속공제가 잘 활용되지 않는 이유는 무엇일까? 276
7-2. 가업승계 증여세 과세특례가 절세에 얼마나 도움이 될까? 290
7-3. 부모님으로부터 창업자금을 현금으로 받으면 증여세를 안 내도 될까? 296
7-4. 비상장 주식의 가치 평가와 가업 승계전략 304
7-5. 명의신탁주식이 있을 때 상속증여 절세 방법이 있을까? 312
7-6. 일감몰아주기와 가업 승계전략 318

▶ 솔루션 8.
미술품, 가상화폐, 신종 투자자산 및 신탁제도 등을 활용한 절세 신기술

8-1. 미술작품, 절세에 유리할까? 326

8-2. 코인을 이용하면 절세에 유리할까? 332

8-3. 수익자 연속신탁을 이용한 절세, 과연 유리할까? 338

8-4. 장애인 신탁과 유언대용신탁의 장점은 무엇일까? 344

▶ 솔루션 9.
해외로 나간다고 상속·증여세가 무조건 줄어드는 것은 아니다.

9-1. 해외 거주자인 자식에게 부동산을 증여할 때 증여세를 내야 할까? 352

9-2. 이민 가면 한국에서 상속세가 줄어들까? 358

▶ 솔루션 10.
상속·증여 신고는 반드시 세무조사를 하니 미리 대비하자.

　　10-1. 상속세 세무조사는 무조건 나오는 걸까? 368
　　10-2. 부동산을 구입하면 자금출처 세무조사가 무조건 나올까? 380
　　10-3. 추정상속재산 세무조사는 왜 힘들까? 384

▶ 솔루션.

　　참고문헌 388
　　SOLUTION CALENDAR 390

들어가며

택스케어 상속증여 솔루션

▶ 상식과는 다른 상속세법, 억울한 사례들

사례1. 상속을 포기해도 부과되는 추정상속재산 상속세의 무서움
사례2. 담보대출 때문에 상속세 몇 억 더 낸 사연

/

▶ 25년 만의 상속세 개편안
[2024 07 25 정부 발표 / 2024 12 10 부결]

개편안1. 최고세율을 50%에서 40%로 하향 조정 및 누진 세율 적용 구간 확대
개편안2. 일괄공제 5억 원에서 자녀 수에 따라 5억 원씩 증가시키는 방향으로 확대

상식과는 다른 상속세법, 억울한 사례들

택스케어 상속증여 솔루션

사례 1.

▸ 상속을 포기해도 부과되는
추정상속재산 상속세의 무서움

20여 년 전 상속세 신고를 100명 중 1명이 하던 시대에는 단어조차 생소하던 추정상속재산은 최근 들어 상속세 신고가 늘어나면서 자주 듣는 세금 용어가 되었다.

추정상속재산이란 2년 이내에 돌아가신 아버지(피상속인) 통장에서 현금을 출금했거나, 재산을 처분하여 현금이 생겼거나, 갑자기 빚이 생겨 현금이 늘었을 때 그 현금을 배우자나 자녀들(상속인들)이 어떻게 썼는지 소명하지 않으면 상속을 받은 것으로 추정하겠다는 규정이다.

하지만 아무리 꼼꼼하게 증명하더라도 입증할 수 없는 경우에 대비하여 추정상속재산이 10억 원이 넘는다면 2억 원은 소명 대상에서 제외하고 있다. (10억 원이 안되는 경우에는 소명 대상의 20%에 해당하는 금액)

상식적으로 그 돈을 아버지가 어떻게 썼는지 상속인들이 어떻게 알겠냐고 생각을 할 수 있다. 그리고 상속세 세무조사를 받기 전까지는 설마 국세청이 이렇게까지 하겠냐는 생각을 하지만 만일 추정상속재산 같은 법이 없다면 많은 사람들이 나이가 들어서 현금을 계속 인출하여 금고에 쌓아 놓고 금융 재산을 줄여서 상속재산을 줄일 수 있기 때문에 엄격하게 적용을 한다.

다음 사례는 이런 국세청의 단호한 입장을 잘 보여주고 있다. 시부모보다 남편이 먼저 사망하였고, 왕래가 없었던 시부모가 사망한 후 세무조사가 있었는데 며느리인 본인과 손주는 상속을 포기했음에도 추정상속재산 규정 때문에 상속세가 나온 사례가 있다.

구체적으로 판결을 보면, 시부모의 상속세 세무조사 결과, 2년 이내 계좌에서 출금한 현금 중 용도가 불분명한 자금에서 2억 원을 뺀 나머지를 상속재산으로 보고 상속세를 부과했다. 이에 며느리는 남편 사망 후 시댁과 왕래도 없었으며 재산도 받은 적이 없었고, 또한 적법하게 상속 포기 신고를 하였으므로 상속세는 본인과 무관하다고 주장하였다.

그러나 법원은 2년 내 통장에서 인출한 금액이 어떻게 쓰였는지는 상속인들에게 입증할 책임이 있는 것이지 국세청이 입증해야 하는 것이 아니라는 추정상속재산 규정에 따라 상속세에 포함된다고 판결하였다.

▶ [예규 판례. 서울행정법원2018구합74891 (2019.07.11)]

Q. 상속 포기자에 대한 상속세 부과 처분은 적법하며 당연무효라 할 수 없음

A. 당연무효라 하기 위하여서는 그 하자가 중요한 법규를 위반한 것이고, 객관적으로 명백한 것이어야 하며, 과세 대상이 되지 아니하는 어떤 법률관계나 사실관계에 대하여 그 사실관계를 정확히 조사하여야 비로소 밝혀질 수 있는 경우라면, 그 하자가 중대한 경우라도 외관상 명백하다고 할 수 없어 당연무효라 할 수 없음.

MEMO. ▶

▶ 상식과는 다른 상속세법, 억울한 사례들

택스케어 상속증여 솔루션

사례 2.

▸ 담보대출 때문에 상속세 몇 억 더 낸 사연

/

부동산 중 아파트는 거래가 비교적 활발하기 때문에 유사 매매 사례 가격이라는 최근 실거래 가격을 추적해서 아파트 평가가격을 정하고 상속세를 부과하는 반면 토지나 상업용 부동산은 거래가 활발하지 않기 때문에 실제 시세보다 낮게 금액이 책정될 가능성이 크다.

이런 저평가 문제 때문에 국세청에서는 2020년부터 직접 감정평가를 맡겨 꼬마빌딩까지 적정가격을 찾아내어 과세를 적극적으로 하고 있다. 그 결과 2020년 256건이었던 것이 2022년은 602건으로 크게 증가하였다. 보통 5억 원 이상 저평가가 된 경우 이런 감정평가를 진행하는 것으로 알려져 있다.

이런 적극적인 감정평가가 아니더라도 부동산을 담보로 대출할 때 은행에서 감정평가를 하고 대출을 해주는 경우가 종종 있다. 그런데 은행의 감정평가 때문에 상속세가 늘어난 사례가 있었다.

아버지 소유의 토지를 담보로 대출을 받기 위해 은행이 감정평가를 한 후, 얼마되지 않아 아버지가 돌아가셨고 자식들은 대출용 감정이기 때문에 오히려 가격이 높게 책정되었다고 주장하였으나 받아들여지지 않고 그 가격으로 상속세가 추징되는 경우들이 종종 있다. 만일 대출 감정 평가를 받지 않았다면 감정가격의 절반 정도인 공시지가로 토지 가격을 평가해서 상속세 신고를 했다면 큰 문제가 없었을 수도 있다.

하지만 아버지는 소득이 없기 때문에 본인이 소유한 토지를 담보로 대출하려고 했고 은행 측에서는 기존에 담보 대출이 있기 때문에 감정평가를 해서 토지 가격을 높여서 추가 대출을 해주겠다는 입장이었다.

다시 말해, 토지의 기준시가는 10억이었고 기존 대출은 6억이었는데 감정을 받으면 18억까지 토지 가격이 올라가기 때문에 3억~4억 정도 추가 대출이 가능하다는 설명이었다.

은행이 감정평가를 한 뒤 아버지는 반년 후 사망하였다. 국세청에서는 사정은 딱하지만, 상속세법상 6개월 안에 감정평가 금액이 있으면 감정평가 가격을 부동산 가격으로 보고 상속세를 부과한다고 판단하였다.

아무리 그 감정평가가 대출을 받기 위해 다소 높게 책정되었을지라도 말이다. 결과적으로 다른 재산과 합쳐서 상속세율이 50%였기 때문에 감정으로 올라간 8억에 대해서 상속세 4억이 추가 과세되었다.

▶ [예규 판례. 서일46014-11370 (2002.10.18)]

Q. 대출을 위한 담보제공 목적 감정가액의 평균액이 시가로 인정되는지 여부

A. 상속개시일 전 6월부터 상속세 과세표준 신고의 기간 중 공신력 있는 2이상의 감정기관이 상속세 납부 외의 목적으로 평가한 감정가액이 있는 경우에는 그 감정가액의 평균액은 시가에 포함되는 것임.

MEMO. ▶

25년 만의 상속세 개편안
[2024년 7월 25일 정부 발표, 12월 10일 부결]

택스케어 상속증여 솔루션

개편안 1.

▸ 최고세율을 50%에서 40%로 하향 조정 및
누진 세율 적용 구간 확대

/

▸ 일괄공제 5억 원에서 자녀 수에 따라
5억 원씩 증가시키는 방향으로 확대

개편안 2.

▶ 개편 배경

현재의 상속세법이 만들어졌던 1990년대 말에는 피상속인(사망자) 중 상속세 과세 대상자 비율이 1% 미만, 100명 중 1명이었다. 상속세 제도는 상위 1%의 부의 영구적 세습과 집중을 완화하여 국민의 경제적 균등을 도모하고자 만들어진 법이었다. 그러나 작년 전체 상속세 과세 대상자 비율은 전국 6.82%, 서울 15.0%로 상속세는 더 이상 1%의 상류층 부자들만 내는 세금이 아니다.

국세청 국세 통계를 살펴보면 피상속인 중 상속세 과세 대상 인원이 2003년에는 1,720명에 불과하였는데 2020년 처음으로 1만 명을 넘어선 후 3년 만에 약 2배가 증가하여 2023년에는 19,944명으로 2만 명에 육박하고 있는 것으로 나타났다. 쉽게 말해 물려받은 유산으로 인해 상속세를 내야 하는 사람들이 갈수록 많아지고 있다는 이야기다.

상속세법 개편의 가장 큰 이유는 자산 가격이 꾸준하게 상승한 데 반해 상속세를 과세하는 기준은 상향 조정되지 않았기 때문이다.

상속세를 계산할 때 적용되는 상속공제는 배우자가 살아 있는 경우에 그 한도가 일괄공제 5억 원과 배우자공제 5억 원을 합쳐서 최소 10억 원이 넘어야 상속세를 내게 되는 구조이다. 25년 전에는 10억 원이라는 공제 한도를 초과하는 재산을 유산으로 남기는 것은 평범한 사람들의 이야기가 아니었는데 2023년 5월 기준 서울의 아파트 평균 거래금액은 약 11.5억 원이라고 하니 2024년 현재 상황은 당연히 달라졌다.

만일 아버지가 단독 소유의 11.5억 원의 아파트를 남기고 돌아가셨는데 어머니가 살아 계신다면, 일괄 공제액 5억 원에 배우자공제 5억 원을 합친 10억 원을 초과하는 1.5억 원에 대해 약 1500만 원의 상속세를 내게 된다.

만일 어머니가 안 계신다면, 배우자 공제 5억의 혜택 없이 일괄공제 5억 원만을 제한 6.5억 원에 대해서 자식들은 1.35억 원의 상속세를 내야 한다. 서울에 집 한 채만 있어도 상속세 신고를 해야 하는 현실은 국민경제의 허리를 담당하는 중산층에게 부담이 아닐 수 없다.

▶ **개편안**

중산층의 세금이 되었다는 문제의식 하에 상속세를 개편하자는 목소리가 최근 2년 매우 활발하게 진행되었다. 주로 논의가 되는 포인트는 다음의 3가지이다.

1. **세율을 낮춰야 한다.**
   현행 상속세법은 상속공제 후 상속재산이 30억 원을 넘으면 누진세율로 최고 50% 세율을 적용한다.

2. **공제 규모를 늘려야 한다.**
   일괄공제 5억 원에 배우자가 살아있으면 추가 5억 원 등 합계 10억 원으로는 서울 지역 아파트 평균 가격에 못 미친다.

3. **상속세를 받는 사람 위주로 개편한다.**
   현재는 1명이 받든 100명이 나눠서 받든 상속세가 같다. 사망한 사람(피상속인) 중심으로 재산을 모두 합쳐서 높은 누진세율을 적용하여 상속세를 계산하고 그 금액을 나누기 때문이다. 받는 사람 위주로 개편하면 적용받는 세율 구간이 낮아질 수 있다.

[개편안 1 / 부결]

▶ 최고세율을 50%에서 40%로 하향 조정 및 누진 세율 적용 구간 확대

2024년 7월 25일 발표된 2025년 상속세법 개정안은 논의에 오르내리던 이슈들에 대해 의미 있는 개선점을 담고 있다. 1998년 이후 25년간 유지된 상속세 최고세율이 50%에서 40%로 떨어질 예정이었으나 부결되었다.

최저세율 10%를 적용하는 상속세 과세표준 구간도 1억 원 이하에서 2억 원 이하로 확대할 계획이다. 이는 과다한 상속세 부담을 경감시킬 수 있다는 점에서 긍정적이다.

특히 10% 세율 구간을 확대하는 것은 상속세뿐만 아니라 증여세에도 동일하게 적용된다는 점에서 충분한 수준은 아니더라도 젊은 세대로의 부의 조기 이전을 촉진할 수 있는 유인이 될 것으로 판단된다. 자산 가격 급증과 급속한 고령화 시대에 부의 조기 이전을 통해 경제에 활력을 불어넣고자 하는 정부의 균형 있는 개선안이라고 생각한다.

2023년에 최고세율 50% 해당하는 상속세 신고가 약 2,400명이었다고 하는데 부동산과 금융자산이 증가하고 있는 현 상황에서 더 많은 인원이 최고세율 50%를 피할 수 있을 것으로 예상되었으나 결국 부결되어 현재 상속세율은 2025년에도 그대로 유지된다.

[표1. 세법 개정안: 세율인하]

현 행

▷ 상속세 및 증여세 세율 및 과세표준

과세표준	세율
1억원 이하	10%
1억원 초과 5억원 이하	20%
5억원 초과 10억원 이하	30%
10억원 초과 30억원 이하	40%
30억원 초과	50%

개 정 안

▷ 최고세율 인하 및 하위 과세표준 조정

과세표준	세율
2억원 이하	10%
2억원 초과 5억원 이하	20%
5억원 초과 10억원 이하	30%
30억원 초과	40%

[개편안 2 / 부결]

▶ 상속공제 중 일괄공제의 1인당 자녀 공제 금액을 확대

1997년 이후 상속공제 제도는 기초공제 2억 원에 그 밖의 인적공제(성인 자녀 1명당 5천만 원 공제)를 합한 공제액을 5억 원과 비교하여 더 큰 금액으로 공제해 주는 방식이었다. 성인 자녀가 6명이어야 5억 원의 한도와 같아지는 구조이기 때문에 실무상 일괄공제가 5억 원을 넘는 경우는 거의 없었다.

개정안대로 국회 통과가 되었다면, 자녀가 둘인 경우 기초 공제 2억 원에 자녀 1인당 5억 원을 공제하기 때문에 추가 10억 원을 합쳐 총 12억 원이 공제될 수 있었다. 무조건 한도를 확대하는 것이 아닌 상속인의 수에 따라 공제금액이 늘어나는 현실적인 대안이라고 여겨졌으나 이 역시 부결되어 2025년 상속공제 역시 그대로 유지된다.

[표2. 세법 개정안 : 공제확대]

현 행

▷ 상속세 공제 제도
○ 기초공제 2억원
○ 그 밖의 인적공제
 - 자녀공제 : 1인당 5천만원
 - 미성년자 공제 : 1인당 1천만원× 19세가 될 때까지 연수
 - 연로자공제 : 1인당 5천만원
 - 장애인 공제 : 1천만원× 기대여명 연수
○ 일괄공제 : 5억원

기초공제(2억원)와 그 밖의 인적공제의 합계액과
일괄공제(5억원) 중 큰 금액 공제 가능

개 정 안

▷ 공제 규모 확대

자녀공제 확대
1인당 5천만원 ▶   1인당 5억원

[기본편]

솔루션 1.

상속증여 플랜을 맡기기 전에 상속세 및 증여세법 포인트부터 숙지하자.

택스케어 상속증여 솔루션

상속세와 증여세 세율은 같다.

1-1. ◀ SOLUTION

상속은 사망으로 인해 재산이 무상 이전되는 것이고, 증여는 증여계약을 통해 무상으로 재산을 이전 받는 것이다. 재산의 무상 이전에 대해 발생할 수 있는 상속세와 증여세는 '상속세 및 증여세법'이라 총칭하며 아래의 표와 같이 과표구간별 적용 세율이 같다.

과세표준이 증가함에 따라 구간별로 세율이 10%씩 더해지며, 최저 10%부터 최고 50%의 5단계 누진세율 구조로 되어 있다. 상속세 및 증여세법 제26조를 보면 아래와 같이 정의되어 있다. 이 세율은 1999년 12월 28일에 입법이 되었는데 강남아파트가 10배 넘게 오르는 25년 동안 변동이 없었다.

[표3. 상속세 및 증여세법 제26조 세율]

과세표준	세 율
1억원 이하	과세표준의 100분의 10
1억원 초과 5억원 이하	1천만원 + 1억원을 초과하는 금액의 100분의 20
5억원 초과 10억원 이하	9천만원 + 5억원을 초과하는 금액의 100분의 30
10억원 초과 30억원 이하	2억 4천만원 + 10억원을 초과하는 금액의 100분의 40
30억원 초과	10억 4천만원 + 30억원을 초과하는 금액의 100분의 50

▶ 상속증여 플랜을 맡기기 전에 상속 및 증여세법 포인트부터 숙지하자.

그러나 위처럼 계산할 때 헷갈리거나 잘못 계산할 수가 있어서 아래와 같이 세율을 곱한 후 누진 공제액을 차감해 주면 상속 증여 세액을 간단하게 계산할 수 있다.

[표4. 누진공제 세율]

과제표준	세율	누진공제
1억원 이하	10%	-
5억원 이하	20%	1천만원
10억원 이하	30%	6천만원
30억원 이하	40%	1억 6천만원
30억원 초과	50%	4억 6천만원

상속세와 증여세 세율은 같다. ◀
상속세와 증여세는 공제 규모에 큰 차이가 있다.

상속세와 증여세는 공제 규모에 큰 차이가 있다.

1-2. ◀ SOLUTION

동일한 규모의 재산을 상속 또는 증여로 무상 이전 받는 경우 두 세목의 세율이 동일하지만, 세금 차이가 크게 나는 이유는 공제 규모와 계산 방법이 다르기 때문이다. 먼저, 상속세 공제 규모를 보면 최소 5억 원인 반면, 증여세 공제규모는 성년 자녀 기준 5천만 원이다.

상속세 및 증여세법 제5절 제18조부터 제24조까지 상속공제를 복잡하게 규정하고 있다. 요약하자면, 일반적으로 자녀와 배우자가 있다면 기초공제 2억 원에 그 밖의 인적공제 최소 3억 원, 배우자공제 최소 5억 원을 합친 10억 원을 공제할 수 있다. 금융자산이 있으면 최대 2억 원, 동거 주택에 대해서 최대 6억 원까지 공제가 가능하다.

증여공제는 상속세에 비해 매우 적은 편이다. 재산을 증여받는 사람이 배우자이면 6억 원, 직계존비속이면 5천만 원(미성년자 2천만 원), 기타 친족이면 1천만 원을 받은 재산에서 빼고 세율을 곱한다. 매번 증여할 때마다 적용하는 것은 아니고, 같은 증여자(부모는 동일한 증여자로 취급)로부터 증여받는 경우 10년 동안 합산해서 적용한다.

▶ 상속증여 플랜을 맡기기 전에 상속 및 증여세법 포인트부터 숙지하자.

1. 무조건 기초공제라고 해서 2억 원을 제한다.

2. 자녀가 있다면, 성년 자녀 1인당 5천만 원 자녀공제를 적용받을 수 있다. [미성년자(태아 포함)는 1인당 1천만 원에 19세까지 잔여 연수를 곱한 금액을 추가한다. 또한 상속인이 65세 이상이면 1인당 5천만 원 추가, 장애인이면 1인당 1천만 원에 기대여명 연수(매년 통계청에서 성별, 연령별로 기대수명 발표)를 곱한 금액을 추가한다.]

3. 배우자가 있다면, 최소 5억 원을 뺀다. (법정상속 지분 내에서 실제 배우자가 상속받는 가액이 30억 원을 넘으면 최대 30억 원까지 공제도 가능하다)

4. 그 외 금융재산가액에서 금융 부채를 뺀 순 금융 재산 가액이 1억 원까지 2천만 원을 공제하고, 1억 원을 초과하는 경우 순 금융 재산 가액의 20%를 2억 원 한도까지 공제한다.

5. 피상속인이 갚아야 할 채무·공과금·세금, 그리고 장례비용(최소 500만 원이 공제되며 1천만 원 한도)과 봉안시설·자연장지 비용 500만 원 추가 공제가 가능하다.

6. 마지막으로 동거 주택 상속공제로 피상속인과 10년 이상 계속 무주택자로서 동거한 자녀와 배우자가 상속받는 1주택은 최대 6억 원까지 공제가 가능하다.

상속세와 증여세 세율은 같다.
상속세와 증여세는 공제 규모에 큰 차이가 있다. ◀
상속세와 증여세는 계산하는 방식(유산 과세형 vs 유산 취득형)도 다르다.

[표5. 증여재산 공제]

증여자	공제액
배우자	6억원
직계존속 (사실혼 제외)	5천만원 (수증자가 미성년자 : 2천만원)
직계비속	5천만원
그 밖의 존속 (6촌 이내 혈족, 4촌 이내 친척)	1천만원

★ [24년 개정 세법(24년1월1일 이후): 혼인 출산 증여재산 공제 신설]
직계존속으로부터 혼인신고일 전후 2년(총 4년), 자녀 출생·입양 후 2년 이내(총 4년)
1억 원 추가 공제가 가능하다.

MEMO. ▶

상속세와 증여세 세율은 같다.
상속세와 증여세는 공제 규모에 큰 차이가 있다. ◀
상속세와 증여세는 계산하는 방식(유산 과세형 vs 유산 취득형)도 다르다.

상속세와 증여세는 계산하는 방식
(유산 과세형 vs 유산 취득형)도 다르다.

1-3. ◀ SOLUTION

상속세는 주는 사람(피상속인)을 중심으로 과세하고, 증여세는 받는 사람(수증자)을 중심으로 과세한다. 상속세는 '유산 과세형'으로 돌아가신 분의 모든 재산을 합쳐서 계산하고 이를 받는 사람들(상속인)이 공동으로 부담한다. 상속세는 공제가 많은 대신 분배된 재산을 모두 합치기 때문에 높은 누진세율에 걸리게 된다.

반면에 증여세는 '유산 취득형'으로 주는 사람(증여자)이 아닌 받는 사람(수증자)이 각자 받은 재산에 대해서만 세금을 계산하고 본인 혼자 부담한다. 상속공제와 달리 증여공제는 금액은 적지만, 각자 받은 증여재산에 대해서만 세율을 적용하기 때문에 상속보다는 낮은 누진세율에 걸릴 수 있다.

상속세 계산 구조부터 좀 더 자세히 살펴보면, 피상속인이 한국 세법의 적용을 받는 거주자일 때 상속개시일 현재 국내 및 국외에 있는 모든 상속재산을 상속세 과세 대상으로 본다. 반면 한국 세법의 적용을 받지 않는 비거주자의 경우에는 국내에 있는 모든 상속재산만을 상속세 과세 대상으로 본다. 피상속인의 주식, 예금, 주택 등과 같은 재산뿐만 아니라 대출, 신용카드 대금, 미납 세금 등의 채무 또한 파악하여 차감한다.

이와 달리 증여세 계산구조는 상속세에 비해 단순하다. 다만, 10년간 동일한 증여자(부모는 동일인으로 취급)로부터 받는 증여재산은 합산한다는 점을 주의해야 한다. 또한 상속세에서는 채무액을 빼고 상속세를 계산하는데, 증여세는 증여하는 재산을 담보로 하는 담보채무가 있다면 그만큼은 증여세가 아닌 양도세로 과세한다. 이를 부담부증여라고 한다. 즉, 빚을 떠안으면서 재산을 받는 셈인데 빚을 받는 사람(수증자)이 대신 갚아주는 개념이기 때문에 현금을 주고 산 것과 유사한 것으로 보아 증여자에게 양도세를 과세한다.

최근 상속세도 증여세처럼 받는 사람 중심의 유산 취득형으로 개편하겠다는 논의가 활발히 진행되었으나 2024년 7월 25일 정부 개편안에 포함되지는 못했다. 좀 더 논의가 필요하다는 판단이 있었던 것 같다. 만일 상속세 제도가 유산 취득형으로 바뀌면 상속인 별로 재산을 받은 만큼 세율을 적용 받기 때문에 누진 세율이 낮아질 수 있어 상속세 부담이 줄어들 수 있다.

1-3. ◀ SOLUTION

[표6. 상속세 계산구조]

	총상속재산가액
+	증여가액가산액
−	비과세재산가액
−	공과금 등 (공과금,장례비용 등)
−	과세가액불산입
	과세가액
−	상속공제
	과세표준
×	세율(10%~50%)
	산출세액
−	세액공제(증여세액공제, 신고세액공제 등)(주4)
	자진납부세액

[표7. 증여세 계산구조]

	증여재산가액
+	증여재산가산액 (10년 이내에 동일인으로부터 증여받은 재산)
−	비과세재산가액
−	과세가액불산입액
−	채무액 (부담부증여시 채무인수액)
=	증여세과세가액
−	증여재산공제
−	감정평가수수료공제
+	과세표준
×	세율 (10%~50% 5단계 초과누진세율)
=	산출세액

▶ 상속증여 플랜을 맡기기 전에 상속 및 증여세법 포인트부터 숙지하자.

MEMO ▶

상속세와 증여세는 공제 규모에 큰 차이가 있다.
상속세와 증여세는 계산하는 방식(유산 과세형 vs 유산 취득형)도 다르다. ◀
우리 집도 상속세가 나올 수 있다.

어릴 적부터 서울 강남에서 자란 최 사장은 상속세가 나올 수 있겠다는 생각을 막연히 하고 있지만 한 번도 구체적으로 확인을 해보진 않았다. 상속세를 계산해 보려면 재산 상태부터 파악해야 하는데 아버지께 여쭤보기 어려운 것이 꼭 아버지가 돌아가시는 것을 바라는 것처럼 느껴져 말 꺼내기가 어렵다. 혼자 인터넷도 찾아보고 계산해 보려 했지만, 어려운 법률 용어와 복잡한 각종 공제에 막혀 파악이 쉽지 않다.

우리 집도 상속세가 나올 수 있다.

2023년 국세 통계 연보에 따르면, 지난 10년 동안 상속세 신고 건수는 4배 넘게 늘어났고, 세금은 8배 이상 증가하였다. 2012년 4,600건에 1조 6,574억 원이었던 상속세 신고가 2022년 19,506건에 13조 7,253억 원으로 증가한 것이다. 신고마다 워낙 차이가 커서 평균이 무의미할 수도 있으나, 신고 세액을 신고 건수로 나눠 보면, 12년 평균 세액 3.6억 원이었던 것이 21년 평균 세액 13.7억 원, 22년 평균 세액 7억 원으로 급증하였음을 알 수 있다.

전체 가구 중 순자산 10억 원 이상을 보유하고 있는 가구의 비율이 2016년 4.6%에서 꾸준히 증가하여 2023년에는 10.3%를 차지하는 것으로 나타났다. 상위 10%의 순자산 평균액은 18.9억 원, 상위 10-20%가 보유하고 있는 순자산 평균액도 8.6억 원에 달한다. 서울 사람 100명 중 15명이 상속공제 금액을 초과하기 때문에 상속세 신고를 해야 한다는 사실과 일치하는 통계이다.

▶ 상속증여 플랜을 맡기기 전에 상속 및 증여세법 포인트부터 숙지하자.

[표8. 연도별상속세 신고현황]

연도별 상속세 신고 현황 (과세미달 제외)

년도	2012	2013	2014	2015	2016	2017
상속세 (억원)	16,574	15,755	16,528	21,896	23,052	29,624
피상속인 수 (명)	4,600	4,619	4,796	5,452	6,217	6,970
년도	2018	2019	2020	2021	2022	
상속세 (억원)	39,757	36,723	51,765	204,484	137,253	
피상속인 수 (명)	8,449	9,555	11,521	14,951	19,506	

상속세와 증여세는 계산하는 방식(유산 과세형 vs 유산 취득형)도 다르다.
우리 집도 상속세가 나올 수 있다. ◀
본인이 직접 시골 땅 증여세를 신고할 경우 문제가 될 수 있다.

1-4. ◀ SOLUTION

[표9. 순자산보유 평균액]

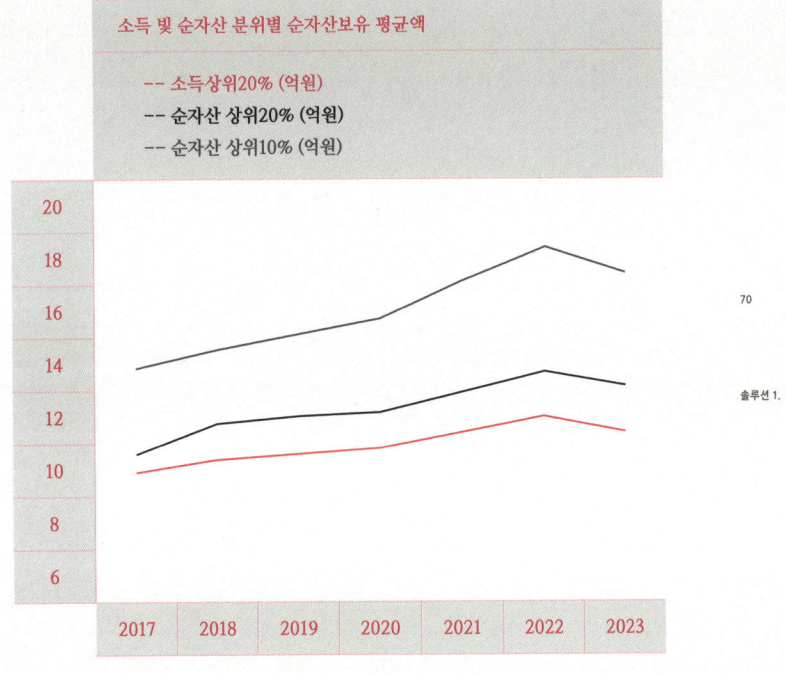

▶ 상속증여 플랜을 맡기기 전에 상속 및 증여세법 포인트부터 숙지하자.

위 사례의 최 사장처럼 부모님이 40년 전부터 서울에 아파트를 계속 보유하고 있다면 상속세 대상이 될 수 있다. 아파트는 같은 단지 아파트의 최근 거래가격으로 가격을 정해야 하기 때문에 비교적 쉽게 파악할 수 있다. 만일 아파트 최근 거래 가격이 10억 원이 넘는다면 다른 부동산이나 주식이 있는지, 예금잔고는 얼마나 되는지 여쭤보는 것이 좋다. 2년 이내 통장에서 인출한 현금이나 부동산 또는 주식 매각 대금을 어떻게 했는지도 같이 여쭤봐야 한다.

이렇게 해서 대략 재산에서 부채를 뺀 순자산이 10억 원(자산이 20억 원이고, 부채가 10억 원)이 넘는다면 전문가를 찾아서 예상 상속세를 계산해 볼 필요가 있다. 혼자 할 수도 있지만, 부동산 같은 경우는 국가에서 발표한 기준시가로 할지, 감정평가를 해야 할지, 아니면 주변 거래가격으로 해야 하는지 등 평가에 대한 문제가 있기 때문에 전문가에게 의뢰하는 것이 좋다.

상속공제 역시 기초공제 2억 원부터 각종 인적공제 등을 따져 봐야 한다. 금융 재산 공제는 얼마나 되는지, 동거 주택 상속공제 요건에 맞는지도 살펴봐야 한다.

끝으로 납부는 한번에 할 수 있는지 국세청에 담보를 맡기고 몇 년에 걸쳐 어떻게 나눠서 납부할지도 검토해야 한다. 만일 보유한 현금으로 낼 수 없다면, 부동산이나 주식 중에 국가에 현금 대신 낼 수 있는 재산이 있는지도 미리 생각해 볼 필요가 있다.

서울에서 직장을 다니고 있는 김 과장에게 고향에서 농사를 짓고 있는 아버지로부터 급한 연락이 왔다. 우리 땅 근처에 공단이 생길 것 같다는 소문이 있어서 이웃집은 자녀에게 농지를 증여했다고 한다. 김 과장이 인터넷으로 검색해 보니 증여세 신고가 어렵지는 않아 보여 올해 공시지가를 찾아 국세청 홈택스 사이트에서 직접 신고하고 아버지에게 현금을 받아 증여세를 납부했는데 세법에 맞게 한 것인지 찜찜한 기분이 든다.

본인이 직접 시골 땅 증여세를 신고할 경우 문제가 될 수 있다.

지난 10년 동안 증여세 신고 건수가 거의 3배 정도 증가했고, 세금도 4배 이상 늘었다. 2012년 약 7만 8천 건에 1조 6,392억 원이었던 증여세 신고가 2022년 약 21만 6천 건에 6조 8,229억 원으로 증가하였다. 신고 금액을 신고 건수로 나눠 보면, 12년 평균세액 약 2,100만 원이었던 것이 2022년 평균세액 약 3,200만 원으로 늘어났음을 알 수 있다.

2022년 국세 통계자료를 보면, 상속세 신고 재산 약 56.4조 중 토지가 8.8조 원, 건물이 20.7조 원으로 부동산 합계(29.6조 원)는 52.4%에 해당한다. 신고 건수로도 유가증권 2,850건 대비 건물 16,391건으로 거의 6배에 이른다. 즉, 한국의 상속세는 부동산이 큰 비중을 차지하며, 바로 현금 전환이 어렵기 때문에 상속세의 가장 큰 고민은 부동산을 어떻게 처리할지에 대한 것이다.

증여세는 증여자와 수증자와의 관계를 확인해서 증여재산에서 증여공제를 빼고 세율을 곱하면 거의 끝이다. 그런데 아래와 같은 점들 때문에 위 사례의 김 과장처럼 뭔가 불안한 기분이 들 수 있다.

위 사례는 토지와 현금 두 종류의 재산을 증여받은 것으로 보고, 먼저 토지 시가 부분부터 검토를 해보면 시골 땅은 남에게 팔리기 전까지 시가라는 것을 정확하게 알 수 없기 때문에 대신 공시지가를 사용한 것은 타당해 보인다.

다음으로 부모님에게 이번에 증여받은 땅 이외에 10년 동안 증여받은 재산이 있었다면 합산해야 한다. 합산을 해야 누진세율로 재계산하여 추가 납부를 하게 된다.

끝으로 증여세는 수증자가 내야 하기 때문에 아버지에게 받은 증여세는 현금 증여를 받은 것으로 보아 토지가액에 합산해서 신고해야 한다. 즉, 토지와 현금 이렇게 두 종류의 재산을 증여받는 것으로 본다.

[사 례]

첫 번째,
아버지가 증여한 땅을 얼마로 신고해야 하는지 파악해야 한다. 공시지가로 신고했는데 시가로 인정받을 수 있는지가 중요한 이슈이다. 따라서 증여재산의 시가를 알아야 한다.

두 번째,
10년 이내 아버지와 어머니로부터 증여받은 재산을 합쳐서 신고해야 한다. 즉, 동일한 증여자(부모는 동일인으로 취급)로부터 10년 동안 증여받은 재산이 합산해서 신고해야 한다.

세 번째,
증여세 납부를 증여자가 내주는 경우 대납 세금도 증여로 본다. 증여자 이외 다른 사람이 증여세를 내주었다면, 그 사람을 새로운 증여자로 보고 증여세를 신고해야 한다.

우리 집도 상속세가 나올 수 있다.
본인이 직접 시골 땅 증여세를 신고할 경우 문제가 될 수 있다.

[기본편]

솔루션 2.

77　상속증여에 대해 부모님께 말 꺼내기 힘들더라도 플랜은 미리 준비하자.

폐기물 사업을 하는 김 사장은 부동산과 현금을 많이 보유하고 있다. 하지만 건강이 갑자기 안 좋아지자 재산을 미리 자식들에게 물려주고 싶어 한다. 어떤 방법으로 해야 본인이 어렵게 번 재산을 그대로 자녀들에게 물려줄 수 있는지 고민하던 중 증여를 해보자고 결심하였다. 그러나 상속이 낫다는 주변 사람들 얘기를 듣고 증여와 상속 중 어떤 방식이 유리한지 알고 싶어졌다.

상속과 증여 중 어떤 방법이 더 유리할까?

2-1. ◀ SOLUTION

먼저 상속세는 공제 종류가 다양하고 공제 규모도 크기 때문에 대부분 상속세가 유리할 때가 많다. 예를 들어, 상속인으로 배우자 없이 자녀(자녀가 6명 이하일 때)만 있는 경우 최소 5억 원, 자녀 없이 배우자만 있는 경우 최소 7억 원, 배우자와 자녀(자녀가 6명 이하일 때)가 함께 있는 경우 최소 10억 원이 공제된다.

24년 7월 25일 발표된 상속세법 개정안이 국회 통과가 되었다면, 상속인으로 배우자 없이 자녀만 2명 있는 경우 최소 12억 원, 배우자와 자녀 2명이 함께 있는 경우 최소 17억 원이 공제가 확대되었을 것이다. 하지만, 2024년 12월 10일 부결되어 2025년에도 기본 5억 공제가 그대로 유지된다.

또한 최소 5억 원에서 최대 30억 원에 해당하는 배우자상속공제는 배우자에게 미리 증여하면 계산 공식상 배우자공제 한도가 줄기 때문에 오히려 상속세가 더 나올 수도 있다.

집마다 상속공제가 다를 수 있기 때문에 피상속인의 상속재산이 해당 공제 규모보다 작아 상속세가 나오지 않는다면 미리 증여해서 증여세를 낼 필요가 없다. 상속 전에 미리 납부한 증여세가 있더라도 상속세가 나오지 않으면 미리 낸 증여세를 공제하여 돌려주지 않기 때문이다.

▶ 상속증여에 대해 부모님께 말 꺼내기 힘들더라도 플랜은 미리 준비하자.

반면에 상속까지 기다리는 것보다 증여가 유리한 경우가 있다. 사전에 증여계획을 세운다면 증여재산 공제를 활용할 수 있다. 증여재산 공제는 10년간 합산해서 계산하는 데 10년 주기로 증여를 할 수 있다면 증여를 미리 하는 것이 유리할 수 있다.

예를 들어, 자녀가 태어났을 때 부모가 2천만 원 그리고 10살이 되었을 때 다시 2천만 원씩, 그리고 성년이 된 이후 5천만 원씩 한다면 세금 없이 10년 주기로 증여가 가능하다.

또한 부동산이나 주식처럼 가치가 지속적으로 상승하는 재산이 있다면 증여가 유리할 수 있다. 상속세를 계산할 때 상속인에게 증여한 것은 10년 합산, 상속인이 아닌 자에게 증여한 것은 5년 치를 합산해서 상속세를 계산하기 때문이다. 즉, 상속 발생 전 상속인에 증여한 것이 10년이 지났다면, 상속재산에서 빠지기 때문에 그 만큼의 절세효과가 있다.

10년 이내라도 상속재산에 합쳐서 누진세율을 적용할 때, 상속 시점이 아니라 증여할 때의 평가금액으로 합친다. 즉, 10년 동안 10배가 올랐어도 10년 전 가격 그대로 합칠 수 있다.

끝으로 상속재산 중 배당이나 부동산 임대 수입이 충분하다면, 미리 증여하는 것을 고려할 만하다. 건물이 오르기 전에 증여한다는 장점뿐만 아니라 임대수익을 모아서 향후 상속세 재원으로 쓸 수도 있기 때문이다.

2-1. ◀ SOLUTION

[표13. 증여공제]

---

1. 배우자로부터 증여 받은 경우 : 6억 원
2. 직계존속으로부터 증여 받은 경우 : 5천만 원
   (다만, 미성년자는 2천만 원)
3. 직계비속으로부터 증여를 받은 경우 : 5천만 원
4. 그 외에 6촌 이내의 혈족, 4촌 이내의 인척으로부터
   증여를 받은 경우 : 1천만 원

▶ 상속증여에 대해 부모님께 말 꺼내기 힘들더라도 플랜은 미리 준비하자.

MEMO. ▶

상속과 증여 중 어떤 방법이 더 유리할까? ◀
상속·증여와 양도, 부담부증여 어떤 게 유리할까?

상속·증여와 양도, 부담부증여 어떤 게 유리할까?

부담부증여란 증여받는 사람이 증여하는 사람의 채무를 함께 인수하는 것으로 부채 부담을 승계하면서 받는 증여이다. 채무액만큼 증여재산 가액에서 빠지고 채무는 양도된 것으로 보아 증여자에게 양도소득세가 과세된다. 따라서 높은 양도소득세율을 고려하면 부담부증여가 오히려 세부담이 늘어나 불리할 수도 있다.

하지만 이때 채무가 무조건 인정되는 것은 아니다. 정부나 금융기관으로부터 확인이 가능하거나 계약서가 확실한 채무만 인정이 된다. 또한 다른 사람이 그 채무를 대신 갚아 준다면 그만큼 증여세를 추가로 과세할 수 있기 때문에 수증자의 직업·소득 등 해당 채무를 변제할 능력이 있는지도 고려해야 한다.

부담부증여 시 수증자의 증여세와 증여자의 양도소득세를 함께 계산해 봐야 한다. 증여세의 경우 채무 금액이 공제되어 증여세 부분에서는 유리하지만, 증여자의 양도소득세 과세 여부 및 적용 세율 등에 따라 유리할 수도, 불리할 수도 있기 때문이다.

예를 들어, 취득가액 8억 원, 시가 15억 원의 주택을 부담부증여할 때, 전세보증금이 7억 5천만 원이 있다고 가정하고 비교를 하면, 증여세 부담액은 2억 7천만 원만큼 줄어든다. 이때 전세보증금 7억 5천만 원에 대한 양도세가 증여세보다 적다면 부담부증여가 유리한 것이다.

▶ 상속증여에 대해 부모님께 말 꺼내기 힘들더라도 플랜은 미리 준비하자.

보증금 7억 5천만 원에 대해서 양도소득세를 계산하면 주택 수가 늘어날수록 세율이 높아져서 지방세를 포함한 양도소득세가 아래 표처럼 증가한다. 어느 경우이든지 간에 부채가 7억 5천만 원 이하면 양도 세율이 증여세율보다 낮기 때문에 유리하다.

[표10. 증여와 부담부증여 세부담 비교]

	증여세 부담액
단순증여의 경우	증여세 과세가액 : 15억 원 (-) 증여재산공제 : 0.5억 원 =산출세액 : 4.2억 원
부담부증여인 경우	증여세 과세가액 : 15억 원 (-)채무액 : 7.5억 원 (-) 증여재산공제 : 0.5억 원 =산출세액 : 1.5억 원

상속과 증여 중 어떤 방법이 더 유리할까?
상속·증여와 양도, 부담부증여 어떤 게 유리할까?
주택을 증여받거나 상속받을 때 관련 세금은 어떻게 될까?

2-2. ◀ SOLUTION

[표11. 양도소득세 부담액]

증여자 양도소득세 부담액	
양도소득세 비과세 대상자 (1세대 1주택 등)	납부세액 없음
양도소득세 기본세율 대상자	・양도가액 : 7.5억 원 (-)취득자액 : 4억 원 (-)기본공제 : 250만 원 =과세표준 : 347,500,000원 ・납부할세액 (기본세율 세액 + 지방소득세) =124,366,000원
양도소득세 중과세율 대상자	・양도가액 : 7.5억 원 (-)취득자액 : 4억 원 (-)기본공제 : 250만 원 =과세표준 : 347,500,000원 ・납부할세액 (중과세율 세액 + 지방소득세) (2주택 중과) = 200,816,000원 (3주택 이상중과) = 239,041,000원

▶ 상속증여에 대해 부모님께 말 꺼내기 힘들더라도 플랜은 미리 준비하자.

반면 양도소득세에서 높은 과세표준·세율구간이 적용되고, 중과세율 세율구간이 과세표준 5억 원을 초과하여 42% 이상 구간에 해당한다면 증여세 차이보다 더 큰 차이가 발생하여 부담부증여가 불리하게 적용될 수 있다.

증여 시 납세의무자는 수증자로서 수증자의 나이, 직업, 소득 등을 고려하여 증여세 재원 마련이 어렵고 납부할 수 있는 여건이 안 된다면 부담부증여를 고려하여 증여세를 줄이고 증여자가 양도소득세를 납부하는 방식을 이용하면 된다.

또한, 채무가 설정된 상태에서 증여한 경우 부담부증여인 경우와 아닌 경우를 비교하고 양도소득세 세율에 따른 부담 차이를 간략하게나마 비교한다면 더 나은 선택을 할 수 있을 것이다. 특히 증여자의 양도소득세 세율 구간이 다주택자의 중과세에 해당한다면 그 부담이 매우 클 것이다. 하지만 현재 2025년 5월 9일까지는 일시적으로 양도소득세 중과가 배제되어 기본세율이 적용되고 있어 이 시기에 다주택자에게는 부담부증여를 활용하는 것도 좋은 방법이다.

올해 53세인 전 프로는 몇 년 전 해외 파견근무를 마치고 귀국하면서 어머니가 사시는 압구정동 아파트 옆 동으로 전세로 이사를 왔다. 76세 어머니와 가까이 살면서 왕래할 수 있어 좋고 나중에 상속받아 들어가서 살면 좋겠다는 막연한 생각이었다. 그런데 최근 재건축조합회의에 갔다가 우연히 만난 친구가 재건축 추가 분담금도 부담스럽고 상속을 받으면 상속세와 관련 보유세 등 부담이 집값의 반을 넘기에 팔고 싶어 한다는 이야기를 듣고 마음이 복잡해졌다. 과연 어머니의 아파트를 상속받으면 상속세와 취득세, 재산세, 종부세를 얼마나 내야 하는 걸까?

주택을 증여받거나 상속받을 때
관련 세금은 어떻게 될까?

2-3. ◀ SOLUTION

상속인인 자녀가 30억 원 상당의 어머니 아파트를 상속받아서 계속 보유하려면 대략 8억 4천만 원 정도의 상속세 재원이 필요하다. 당장 현금화할 수 있는 자산이 없는 이상 아파트를 처분하거나, 국세청에 부동산을 납세담보로 제공하고 10년간 세금과 연 3.5% 이자를 내면서 11회(상속세 신고납부 시 초회 납부 후 다음 해를 분납 1회차로 하여 이후 10년 동안 10회차) 분할 상환해야 한다.

예금으로 10억 원을 남겨 주셨더라도 아파트 30억 원과 예금 10억 원 등 총 40억 원 상속재산에 대한 상속세는 약 11억 9천만 원이다. 예금으로 상속세를 전부 낸다고 하더라도 약 2억 원이 모자란다.

상속재산 중 부동산이 차지하는 비중이 압도적인 것에 비해 현금은 턱없이 부족해 상속세 재원 마련에 어려움을 겪는 상속인이 대다수이다. 상황이 이렇다 보니 부동산 가치가 과거처럼 지속적으로 오를 것이라는 확고한 믿음이 있거나 기다리면서 지불해야 하는 이자 비용 등에 대한 해법이 확실하지 않은 한 상속받을 아파트의 처분을 한 번쯤은 고민하게 된다.

아파트는 동일한 규격의 아파트가 여러 채 존재하다 보니 같은 단지에서 동일한 평수의 아파트가 거래가 되었다면 실거래 가격을 유사매매 사례가액이라고 해서 시세가 그대로 평가에 반영된다.

▶ 상속증여에 대해 부모님께 말 꺼내기 힘들더라도 플랜은 미리 준비하자.

반면 예금 등에 적용되는 금융재산상속공제는 받을 수 없다 보니 같은 30억 원이라 하더라도 아파트로 상속받는 경우와 아파트를 양도하고 남은 자금을 보유하다가 상속하는 경우의 상속세 부담액은 상당히 다를 수 있다.

예를 들어, 3억 원에 취득한 시가 30억 원 상당의 아파트를 부동산으로 상속받는 경우, 상속등기 비용 등을 포함한 세 부담 합계액은 8억 8천만 원이며 상속재산이 모두 부동산이기 때문에 재산이 충분하더라도 오히려 현금이 부족하게 된다.

반면 해당 아파트를 30억 원에 양도하는 경우 1세대 1주택 및 장기보유특별공제를 감안한 양도세는 약 1억 1천 5백만 원으로 세후 실수령액이 28억 8천 5백만 원이 되고 현금으로 상속하면 이에 대한 상속세는 약 6억 9천만 원으로 양도세를 내더라도 1억 원 가까이 상속세가 줄어든다.

세금을 제외한 현금 20억 원이 생기니 부모님이 여생을 좀 더 넉넉하고 여유롭게 지내실 수 있는 노후 자금을 확보하고 싶거나, 상속인 간 원활한 재산분할이 필요한 경우 사전 현금 증여 등의 필요가 있는 경우에는 세금 절감 이상의 효과가 있어 합리적인 선택이 될 수 있다.

2-3. ◀ SOLUTION

[표12. 아파트를 받는 경우와 매각 후 현금으로 상속받는 경우 세부담 비교]

	아파트를 상속받는 경우 배우자× 자녀○	아파트매각대금을 상속받는 경우 배우자× 자녀○	비고
금융재산	-	2,885,974,000	
아파트	3,000,000,000		
상속재산	3,000,000,000	2,885,974,000	
기본공제	500,000,000	500,000,000	
금융재산상속공제	-	200,000,000	
상속공제액	500,000,000	700,000,000	
상속세 과세표준	2,500,000,000	2,185,974,000	
세율	40%	40%	
산출세액	840,000,000	714,389,600	
신고세액공제	25,200,000	21,431,688	
상속세 납부세액	814,800,000	692,957,912	
상속등기취득세부담 (기준시가20억기준)	63,200,000	없음	
상속인 부담세액	878,000,000	692,957,912	
피상속인(부모)의 양도세 부담	없음	114,026,000	
가족전체 부담세액	878,000,000	806,983,912	
상속인 순자산액	2,122,000,000	2,078,990,088	
순 현금흐름	878,000,000	2,078,990,088	

▶ 상속증여에 대해 부모님께 말 꺼내기 힘들더라도 플랜은 미리 준비하자.

[주택관련 세금 참고 사항]

1. 공동 상속받은 주택의 보유 여부는 해당 주택의 최고 지분권자(이 외의 상속인은 소수지분권자임)로 보고 최고지분권자가 없는 경우(모두 같은 비율로 보유한 경우 등)해당 주택에 거주하는 자가 보유하는 것으로, 이 또한 없는 경우 최연장자가 보유하는 것으로 본다.

2. 다주택자 취득세 중과 12% 규정이 상속주택 주택수 포함여부에 따라서 다주택자 취득세 부분에 대해서 영향을 받을 수 있는데, 상속 개시일로부터 5년이 지나지 않은 것은 주택수 계산 시 제외가 된다.

3. 재산세는 주택수에 상관없이 각 건 별로 부과되므로 동일하지만 종합부동산세는 상속개시일로부터 5년이 지나지 않았다면 주택수 제외 규정에 따라서 다주택자 중과세율 적용을 피할 수 있다.

4. 기존주택을 가지고 있었던 상속인이 상속으로 인하여 주택을 취득하여 보유하고 있을 때 기존주택을 양도하는 경우에 상속주택을 주택수에서 제외하여 양도세 계산 시 비과세 판정(요건 충족 시)을 받을 수 있다. 또한 1개의 주택을 지분으로 상속받았다면 상속지분이 가장 큰 상속인의 주택으로 보아 판단을 한다.

송파구에서 내과를 20년 넘게 운영해 온 송 원장은 10년 전에 꼬마빌딩을 매입해서 4개 층 중에 1개 층은 내과로 쓰고 나머지는 임대하고 있다. 바쁘게 살아오다가 최근 상속증여 세미나에 참석한 이후로 고민이 생겼다. 상속세는 남의 일인 줄만 알았는데 본인의 건물 가격이 구입할 때보다 2배 이상 오르는 바람에 상속세 걱정이 생겼다. 미리 증여해야 한다는데 강의에서 들었던 것처럼 감정평가를 받아야 하는지 고민이다.

부동산 상속·증여할 때 감정평가를 꼭 해야 하나?

2-4. ◀ SOLUTION

상속세 및 증여세법에서는 부동산을 시가로 평가하도록 한다. 이때 시가란 불특정 다수인 사이에 자유롭게 거래되는 가격을 말하며, 매매·수용·경매·공매·감정가격이 확인되면 시가로 인정된다. 거래 가격이 없고, 감정평가도 받지 않으면 기준시가를 사용한다.

일반적으로 부동산 주변 거래 시세가 반영되는 감정평가 가액보다 국가에서 공시를 하는 기준시가가 낮기 때문에 의도적으로 감정평가를 받지 않고, 상속세나 증여세를 신고하는 경우가 많았다.

이런 편법 증여를 막고자 국세청은 2019년 2월 이후 비주거용 부동산에 대해서 감정평가 대상을 선정하여 5개 이상의 감정평가법인에 감정평가를 의뢰하여 최곳값과 최솟값을 제외한 가액의 평균값을 추정시가로 하여 해당 재산가액으로 반영하고 과세하고 있다.

2025년 1월부터 감정평가 대상이 되는 비주거용 부동산은 기준시가와 감정가격의 차이가 5억 원 이상이거나, 그 차액의 비율이 10% 이상인 경우이다. 따라서 기준시가가 현저히 낮다면 감정평가를 미리 받아 증여세 신고를 하는 것이 세무조사를 피하는 방법이다.

꼬마빌딩과 같은 비주거용 부동산이나 나대지 등을 감정평가 받기로 했다면 기준시가가 10억 원을 초과하면 2개 이상 감정기관에 감정을 의뢰해야 하고 기준시가 10억 원 이하의 경우에는 하나만 받아도 인정을 받는다.

이 때 감정평가법인에서 감정평가서를 받아서 상속증여세를 신고를 하게 되는데 만일 세무서장 또는 지방국세청장이 다른 감정기관에 의뢰하여 평가한 감정가액의 100분의 80에 미달하면 해당 감정기관을 시가 불인정 감정기관으로 지정하고 그 감정가액을 시가로 보지 않을 수 있다.

때문에 꼬마빌딩 등과 같은 부동산에 대해서는 시세보다 낮은 기준시가를 적용하거나, 비교적 낮은 감정가액을 적용 받더라도 향후 국세청의 감정평가 사업으로 인하여 과세할 수 있다. 즉, 무리하게 감정평가를 낮추기만 하는 것이 좋은 것만은 아니다.

평가 기간도 중요하다. 상속의 경우 상속개시일 전후 6개월을 평가 기간으로 보고, 증여의 경우 증여일 전 6개월, 증여일 후 3개월을 평가 기간으로 보아 평가 기간 범위 내에서 확인되는 가액을 확인하여 적용하는 것이 원칙이다.

다만 예외적으로 평가 기간에 해당하지 않더라도 상속개시일 또는 증여일 이전 2년 이내의 기간이나, 평가 기간이 경과하고 상속세 신고 기한부터 9개월(증여세는 신고 기한부터 6개월)까지의 법정 결정기한 내에 감정평가가 가능하다.

최근 증여로 인해 납부할 취득세 역시 감정평가를 우선적으로 적용하고 있기 때문에 감정평가에 대한 의사결정이 중요하다.

증권사에 근무하는 김 부장은 자녀 명의의 증권 계좌를 개설하고, 본인이 직접 관리하고 있다. 본인의 전문 분야이며 장기적으로 가치 투자 위주로 하다 보니 오히려 수익률이 평균 이상이다. 그런데 동료인 박 과장은 자녀 증권 계좌를 개설할 때 초기 씨드머니에 대해서 증여세 신고를 했다고 한다. 박 과장 얘기로는 나중에 증권 계좌를 증여하게 되면 원금과 함께 수익까지 증여세 과세 대상이 된다고 한다.

자녀 명의의 주식을 관리하고 있다면
언제 증여하는 게 좋을까?

2-5. ◀ SOLUTION

우리가 흔히 증여라고 하면 무상으로 재산을 준 것을 의미하고 민법(제554조 증여의 의의)에서도 증여를 당사자 일방이 무상으로 재산을 상대방에게 수여하는 의사를 표시하고 상대방이 이를 승낙함으로써 그 효력이 생긴다고 정의하고 있다. 단순하게 설명하자면 아버지가 본인 명의 부동산을 아들 명의로 등기를 해주면 증여라 할 수 있다. 그러나 세법에서는 과세 형평성 때문에 좀 더 복잡하게 증여를 정의한다. 완전포괄주의라고 하는데 직·간접적인 방식으로 이익이 이전된 것에 대해서 모두 증여세를 과세할 수 있다는 입장이다.

증여 후 수증자의 능력이 아닌, 증여자가 미리 알고 있던 외부적인 사유(사업 시행, 주식상장 등)로 인해 증여한 부동산이나 주식의 가치가 급등하는 경우 그만큼의 이익을 추가로 과세하는 규정도 있다.

결국 자녀 명의로 주식을 관리하는 이유는 앞으로 자녀가 사용할 자금을 마련하기 위함이다. 주식시장이 지속적으로 성장한다고 가정했을 때 주식 가격이 낮을 때 국세청에 증여 신고를 하면, 주식이 많이 오르고 주식을 팔아 마련한 자금으로 부동산을 사더라도 신고했던 원금을 초과하는 이익에 대해서 추가적인 증여세를 내지 않아도 된다.

▶ 상속증여에 대해 부모님께 말 꺼내기 힘들더라도 플랜은 미리 준비하자.

한편, 본인의 주식계좌가 원금 대비 손실이 클 때 즉, 저평가되었을 때 증여하는 방법도 있다. 주식은 전망에 따라 가격이 언제나 변동하는 자산이므로 무조건 증여한다고 해서 절세가 되는 것은 아닐 것이다. 다만 상대적으로 저평가되었다고 판단되거나 미래에 성장 지속가능성이 있어 가치가 상향할 것이라고 예상되는 경우에는 동일 금액을 현금으로 증여하는 것보다는 주식을 증여하는 것이 여러 가지 면에서 유리할 수 있다.

예를 들어, 2억 원 상당의 OO 전자 주식(주당 6만 원)을 보유하고 있는 아버지가 두 명의 아들에게 각 1억 원 상당의 주식을 증여했다고 가정하자. 아들들은 각각 증여재산 공제 5천만 원을 뺀 5천만 원에 대해 10%인 5백만 원가량의 증여세를 신고 납부하면 된다. 현금으로 받는 경우에도 세금은 같다.

만일 OO 전자 주식이 12만 원이 된다면 자녀들은 1억 원에 대한 증여세만 부담하고 2억 원을 증여받은 셈이 된다. 2억 원을 현금으로 증여받는 경우의 증여세는 3천만 원이다. 만일 상속개시가 되는 시점에 주식가격이 18만 원이고 아버지 재산이 상속세율 40% 구간 범위에 있다고 가정하는 경우, 아들들은 약 6억 원으로 평가될 수 있었던 아버지 보유 주식을 미리 2억 원에 증여받았으므로 주가 상승분 4억 원에 대한 40%, 즉 1억 6천만 원의 상속세를 회피하는 효과가 생기는 것이다.

2-5. ◀ SOLUTION

증여받은 시점이 빠르고 아버지가 10년 이상 건강하게 살아계셨다면 상속재산에 합산되는 증여재산에서도 제외되므로 이 경우 6억 원에 대한 40%인 2억 4천만 원의 상속세가 미리 주식 증여를 함으로써 절감된다고 할 수 있다.

며느리나 사위, 손자녀 등 상속인이 아닌 가족에게 저평가된 재산을 증여하는 경우에는 증여세 절감 효과뿐 아니라, 상속재산에 가산하는 증여재산의 기간이 상속개시일로부터 소급 5년이므로 상속세 또한 감소시키는 효과를 얻을 수 있다.

고액 자산가의 경우 보유 재산이 늘어날수록 자녀들의 상속세 부담도 늘어나기 때문에 미리 증여하는 것이 합리적일 수 있다. 다만, 현행 증여재산 공제는 한도가 상속공제에 비해 적기 때문에 증여세 부담 없이 보유 재산을 분산하는 것은 한계가 있다. 이 경우 저평가된 주식이나 금융상품을 증여하면 증여세를 절감하면서 상속 예정 재산가액도 감소시킬 수 있다.

▶ 상속증여에 대해 부모님께 말 꺼내기 힘들더라도 플랜은 미리 준비하자.

MEMO. ▶

2 - 4.
2 - 5. ◀
2 - 6.

부동산 상속 증여할 때 감정평가를 꼭 해야 하나?
자녀 명의의 주식을 관리하고 있다면 언제 증여하는 게 좋을까? ◀
조부모와 부모에게 각각 받는 증여재산은 어떻게 신고해야 할까?

김 대리는 자녀 2명이 있는데 세법에 관심이 많은 부친이 종종 손주들에게 증여하시고 증여세 신고는 알아서 했으니, 납부만 하면 된다고 연락을 받았다. 그런데 이번에 부친의 상속세 신고를 하면서 그동안 증여세 신고가 잘못되었다는 것을 알게 되었다. 국세청으로부터 지적받은 사항은 부친과 모친이 손주에 각각 증여한 것을 합산하지 않았다는 것과 증여공제 역시 한 그룹으로 적용하지 않고 각각 이중 공제를 받았다는 것이다.

조부모와 부모에게 각각 받는 증여재산은

어떻게 신고해야 할까?

2-6. ◀ SOLUTION

증여세 계산식을 보면, 증여재산에 동일인으로부터 10년 이내에 증여받은 재산을 합산(증여재산 가산)하도록 하고 있는데 합산하다 보면 누진세율의 특성상 세율이 올라가 증여세가 증가하기 때문에 주의해야 한다.

그런데 이때 누구를 동일인으로 볼 것인가는 수증자에 달려 있다. 증여재산 가산 규정을 적용할 때 증여자가 (수증자의) 직계존속인 경우 그 배우자도 동일인으로 본다는 규정 때문이다.

다시 말해, 자녀를 기준으로 아버지가 직계존속에 해당하고 그 배우자인 어머니가 증여했기 때문에 5년 전 아버지가 증여한 것과 2년 전 어머니가 증여한 것은 합쳐야 한다.

반면 시아버지가 5년 전에, 시어머니가 2년 전에 며느리에게 증여했다면, 며느리에게 시아버지는 직계존속이 아니기 때문에 시어머니 증여와 합산하여 신고할 필요가 없다. 만일 할아버지가 5년 전에 증여하고, 2년 전에는 아버지가 자녀에게 증여했다면, 자녀에게 할아버지가 직계존속이기는 하나, 아버지는 할아버지의 배우자가 아니기 때문에 합산하지 않는다.

증여자 그룹은 아래 공제 표처럼 직계존속 그룹, 기타 친족 그룹이 있고 증여공제는 증여자 그룹별로 공제한다는 특징이 있어서 실무적으로도 종종 놓치는 경우가 많다.

▶ 상속증여에 대해 부모님께 말 꺼내기 힘들더라도 플랜은 미리 준비하자.

할아버지와 아버지가 10년 이내 증여한 것을 합산하여 증여세율을 적용하지는 않지만, 할아버지와 아버지는 직계존속 그룹이기 때문에 10년 동안 5천만 원만 공제가 가능하다. 만일 할아버지 증여할 때 5천만 원을 공제받았고 10년 내 아버지가 증여할 때 또 5천만 원을 공제받았다면 중복공제를 한 셈이 된다.

기타 친족 그룹은 6촌 이내 혈족과 4촌 이내 인척 모두를 한 그룹으로 본다. 예를 들어 외삼촌이 증여해서 1천만 원 공제를 받은 상황이라면 10년 이내 이모가 증여를 해줄 때 기타 친족 1천만 원 공제를 받을 수 없다.

다시 정리하면, 김 대리의 아버지와 어머니가 10년 이내에 각각 증여한 것은 동일인이 증여한 것으로 보아 합산하여 신고해야 했고 이때 증여공제는 5천만 원 한 번만 받았어야 했다.

[표13. 동일인으로 보는 경우와 아닌 경우]

구 분	관 계
동일인으로 보는 경우	부친과 모친, 조부와 조모
동일인으로 보지 않는 경우	장인과 장모, 시부와 시모, 조부와 부친, 생부와 이혼한 생모 등

[표14. 증여재산 공제]

증여자	공제액
배우자	6억 원
직계존속 (사실혼 제외)	5천만 원 (수증자가 미성년자 : 2천만 원)
직계비속	5천만 원
그 밖의 친족 (6촌 이내 혈족, 4촌 이내 인척)	1천만 원

★ [24년 개정세법(24.1.1 이후): 혼인·출산 증여재산공제 신설]
직계존속으로부터 혼인일 전·후 2년, 자녀의 출생일·입양 일부터 2년 이내 증여받는 경우 1억 원 추가 공제가 가능하다. (이 때 자녀가 세법상 거주자이어야 함)

▶ 상속증여에 대해 부모님께 말 꺼내기 힘들더라도 플랜은 미리 준비하자.

MEMO. ▶

2 - 5.
2 - 6. ◀
2 - 7.

자녀 명의의 주식을 관리하고 있다면 언제 증여하는 게 좋을까?
조부모와 부모에게 각각 받는 증여재산은 어떻게 신고해야 할까? ◀
사위와 며느리에게 증여하는 것이 과연 절세방안일까?

이 회장은 며느리와 사위, 손자녀에게까지 수증자 숫자를 늘려 증여하면 증여재산 공제 때문에 증여세를 줄일 수 있다는 것을 알고 있다. 그런데 며느리와 사위는 피 한 방울도 섞이지 않았고 상속할 때 상속인도 아닌데 굳이 증여할 필요가 있나 하는 마음이 든다. 사위와 며느리 공제는 1천만 원으로 자식들 5천만 원에 비해서 매우 작아 보여 절세효과도 작아 보인다.

**사위와 며느리에게 증여하는 것이
과연 절세방안일까?**

사위와 며느리는 상속인이 아니다. 즉, 별도의 유언장이 없다면 법적으로 상속을 받을 수 없다. 유언으로 상속인을 지정하지 않았다면 민법에서 정한 상속 순위에 따른다.

일반적으로 증여를 상속의 전 단계로 생각하기 때문에 상속인 외에 증여가 많지 않은 것이 사실이다. 그럼에도 불구하고 사위와 며느리에게 증여하는 것은 분명한 장점이 있다.

첫 번째, 분산 증여를 통해 세율을 낮추는 효과가 있다. 사위와 며느리는 비록 증여 공제금액이 1천만 원으로 작지만, 재산을 분산함으로써 누진세율인 증여세율 자체를 낮출 수 있다.

예를 들어, 2억 6천만 원을 결혼한 자녀 1명에게만 증여한다면, 증여공제 5천만 원을 빼고 2억 1천만 원에 대해서 1억 원까지 10%, 1억 원을 초과하는 1억 1천만 원에 대해서 20%를 곱하면 증여세가 3천 2백만 원이다.

반면 자녀에게 1억 5천만 원을 증여하고, 자녀의 배우자에게 1억 1천만 원을 증여한다면, 자녀는 5천만 원 공제하고 1억 원에 대해서10%, 자녀의 배우자는 천만 원 공제 후 1억 원에 대해서 세율이 10%가 적용되어 증여세는 2천만 원으로 자녀 단독 증여보다 1천 2백만 원의 절세를 할 수 있다.

▶ 상속증여에 대해 부모님께 말 꺼내기 힘들더라도 플랜은 미리 준비하자.

[표15. 민법상 상속인 순위와 재산 분배 비율]

상속 순위	피상속인과 관계 및 분배비율	비고
1순위	피상속인의 직계비속 (1) 피상속인의 배우자 (1.5)	자녀가 없는 경우 손자녀 배우자가 있는 경우 공동상속인 태아의 경우 임신 중일지라도 출생으로 봄
2순위	피상속인의 직계존속 (1) 피상속인의 배우자 (1.5)	부모가 없는 경우 조부모 배우자가 있는 경우 공동상속인
3순위	피상속인의 배우자	1,2순위 없는 경우 배우자 단독 상속인
4순위	피상속인의 형제자매	이복형제자매, 이성동복형제자매 포함
5순위	4촌이내의 방계혈족	고모, 이모, 외삼촌 등

2-7. ◀ SOLUTION

두 번째, 증여세 계산구조에서 동일인으로부터 10년 이내에 증여받은 재산을 이번 증여세 신고에 합산(증여재산 가산)하도록 하고 있다. 합산하다 보면 누진세율의 특성상 세율이 올라가 증여세가 증가하기 때문이다. 아버지가 증여한 후 10년 내 어머니가 증여를 하면 동일인으로부터 증여받은 것으로 보아 합산하여 신고하여야 한다. 그런데 사위가 장인으로부터 증여받은 후 10년 내 장모가 증여하는 경우에는 합산하지 않는다.

세 번째, 향후 상속세 사전증여 합산할 때 절세 효과가 있을 수 있다. 우리나라 상속세는 누가 어떻게 나눠 갖든지 간에 사망시점의 재산에 사전증여재산을 합친 다음 누진세율을 곱한다. 그렇기에 상속 이전에 재산을 미리 증여하면 상속세율을 낮출 수 있다고 생각할 수 있다.

그러나 단기간 내 의도적인 상속세 회피를 막기 위해 일정 기간의 증여재산은 상속세 계산 시 합산하도록 하고 있다. 물론 전에 냈던 증여세는 제외해 주지만 누진세율 특성상 상속세율이 더 높을 수밖에 없다.

상속재산에 포함할지 검토할 때 배우자와 자녀에게 미리 증여했던 재산은 10년 치를 모두 합산해서 상속세를 계산하는 데 반해 손자녀와 사위, 며느리는 5년 치만 합산한다.

▶ 상속증여에 대해 부모님께 말 꺼내기 힘들더라도 플랜은 미리 준비하자.

사례에서 이 회장이 빌딩을 증여하고 6년 후 사망을 한 경우, 배우자와 자녀에게 증여한 빌딩 증여재산 가액만큼은 다시 합산되어 상속세 최고세율인 50%를 곱하여 더 납부하게 된다. 반면 손자녀나 사위, 며느리에게 증여한 부분은 5년이 지났기 때문에 합산되지 않는다.

마지막으로, 사위와 며느리에게 증여한 부동산은 이월과세를 적용하지 않는다. 배우자나 자녀에게 증여 후 10년 이내(22년 말까지 증여받은 경우 5년 이내) 양도를 하면 증여 이전에 취득가액으로 양도세를 재계산하여 부과한다. 증여를 통해서 양도세 회피하는 것을 막기 위함이다.

예를 들어, 배우자에게 1억 원에 구입했던 집을 6억 원에 증여 후 배우자가 6억 원에 양도한다면, 증여공제 6억 원 때문에 증여세가 없고, 배우자가 6억 원에 구입하고 6억 원에 매도했기 때문에 양도세도 없다. 증여세율이 5억 원까지 20%인데 양도세율은 8천 8백만 원만 넘어도 지방세까지 세율구간이 38.5%나 되기 때문에 단기간 내 증여를 통한 양도세를 회피를 방지하고 있다.

[기본편]

솔루션 3.

증여 대상이 무엇인지 분명히 알고 증여세 신고를 하자.

제대하고 입학한 대학원을 이제 막 졸업한 김 대리는 이번에 결혼하면서 아버지로부터 축의금을 5천만 원 정도 받았다. 그리고 아직 급여가 높지는 않아 매달 300만 원씩 생활비도 지원받고 있다. 부모로부터 받으면 증여 문제가 있다던데 그렇다면 대학원 등록금, 축의금, 생활비 모두 증여세 과세 대상인지 궁금하다.

부모에게 받은 축의금과 생활비,
손주들 학비 증여세 문제가 없을까?

3-1. ◀ SOLUTION

결혼식 축의금은 증여세로 과세하지 않는다는 단편적인 정보만을 접하고 축의금으로 자녀가 신혼집을 마련하는 경우 생각지 못한 증여세 추징으로 곤란해질 수 있다. 결혼식에서 축하의 의미로 받는 축의금은 무상으로 받는 금전이지만 사회적 통념이 허용하는 범위 내에서는 증여세로 과세하지 않는다. 또한 자녀가 결혼할 때 통상 필요하다고 인정되는 혼수를 마련해주는 경우에는 증여세가 과세되지는 않는다.

그러나 부모님의 축의금으로 자동차나 집을 구하는 경우 문제가 발생한다. 신랑 신부의 지인이 낸 축의금은 당사자들 것이니 이 돈으로 자산을 취득해도 문제가 되지 않는다. 반면 부모님의 축의금은 부모님 지인이 낸 것으로 보아 부모에게 귀속되는 것으로 판단할 수 있다. 이 축의금은 자산을 살 때 현금을 증여받은 것으로 보아 증여세가 부과될 수 있다.

일상생활 속에서 빈번히 일어날 수 있는 일이기 때문에 국세청 역시 다양한 과세 사례와 질의응답을 보유하고 있다. 관련 예규를 보고 전문가와 꼼꼼히 상의해서 의사결정을 하는 것이 필요하다.

한편, 가족 간에 계좌 이체 시 내용란에 생활비 등으로 작성하면 증여세를 과세하지 않는다는 내용을 믿고 그대로 실천한다면 이후에 증여세와 가산세를 부담할 수 있다.

▶ 증여 대상이 무엇인지 분명히 알고 증여세 신고를 하자.

일반적으로 소득이 없는 배우자나, 직계존속 등 가족들에게 사회적 통념에 따른 수준에 생활비를 계좌이체 한다면 증여세를 과세하지 않는다. 그러나 생활비를 받는 가족이 소득이 있다면 해당 내역은 현금 증여로 보아 증여세로 과세할 수 있다.

또한, 소득이 없는 가족에게 생활비를 이체했을지라도 해당 금액을 생활비로 사용하지 않고 예금 및 적금, 주식, 부동산 등의 구입 자금으로 사용하였다면 증여세로 과세할 수 있다.

교육비 또한 마찬가지로 소득이 없는 가족에게 지원 목적으로 계좌 이체 시 증여세 과세가 되지 않는다. 간혹 세대를 건너뛰어 할아버지, 할머니가 손자, 손녀들에게 교육비나 생활비 목적으로 계좌 이체하는 경우가 있다. 이때 손자녀들이 소득이 없을지라도 해당 손자녀들의 부모가 소득이 있으면 증여로 보아 증여세로 과세할 수 있다.

▶ [예규 판례. 조심2008서0806 (2009.04.30)]

Q. 결혼축의금을 취득 자금의 출처로 인정 여부

A. 결혼 당시 하객들로부터 수령한 결혼축의금 중 청구인에게 귀속되는 금액이 확인되지 아니하는 이상 그중 청구인에게 귀속되는 결혼축의금이 포함되어 있다고 볼 수 없으므로 동 결혼축의금이 이 부분의 자금출처라는 청구인의 주장은 받아들일 수 없음.

▶ [예규 판례. 서면 인터넷 방문 상담4팀 1642 (2005.09.12)]

Q. 비과세되는 증여재산의 범위

A. 상속세 및 증여세법 시행령 제35조 제4호에 규정하는 통상 필요하다고 인정하는 혼수용품은 일상생활에 필요한 가사용품에 한하며, 호화·사치 용품이나 주택·차량 등을 포함하지 아니하며, 결혼축의금이 누구에게 귀속되는지 등에 대해서는 사회통념 등을 고려하여 구체적인 사실에 따라 판단하는 것.

▶ 증여 대상이 무엇인지 분명히 알고 증여세 신고를 하자.

▶ [예규 판례. 재산세과 692 (2009.11.09)]

Q. 조부의 손자에 대한 유학비 송금이 증여에 해당하는지 여부

A. 부양의무가 없는 조부가 손자의 생활비 또는 교육비를 부담한 경우는 비과세되는 증여재산에 해당하지 않는 것임.

▶ [예규 판례. 서면 인터넷 방문 상담4팀 2163 (2007.07.12)]

Q. 증여세가 비과세되는 피부양자의 생활비 및 교육비 해당 여부

A. 타인의 증여에 의하여 재산을 취득한 자는 「상속세 및 증여세법」제 2조 및 제4조의 규정에 의하여 증여세를 납부할 의무가 있는 것이나, 본인의 소득으로 형성한 자금을 국내에서 국외로 또는 국외에서 국내로 송금하여 본인이 사용하는 경우에는 증여세 과세 문제는 발생하지 아니하며, 또한 같은 법 제46조 제5호의 규정에 의하여 사회 통념상 인정되는 피부양자의 생활비 및 교육비에 해당하는 경우에는 증여세가 비과세되는 것입니다. 이 경우 증여세가 비과세되는 생활비 또는 교육비라 함은 필요시마다 직접 이러한 비용에 충당하기 위하여 증여에 의하여 취득한 재산을 말하는 것이며, 생활비 또는 교육비의 명목으로 취득한 재산의 경우에도 당해 재산을 예·적금하거나 주식, 토지, 주택 등의 매입 자금 등으로 사용하는 경우에는 증여세가 비과세되는 생활비 또는 교육비로 보지 아니한다.

대기업 연구소에 근무하는 박 소장은 최근 인터넷으로 상속이나 증여세 콘텐츠를 즐겨 보고 있다. 특히, 차용증(금전대차 계약서)만 잘 쓰면 부모에게 얼마든지 빌릴 수 있고, 증여세 걱정도 없다는 내용에 흥미가 많다. 사업을 하다 매각하신 아버지는 현금성 재산이 많기 때문에 아버지에게 미리 자금을 빌려 박 소장 본인 명의의 부동산을 살 예정이기 때문이다.

가족 간의 돈 거래, 갚을 건데
어디까지 대여이고 증여일까?

3-2. ◀ SOLUTION

TV, 인터넷 등의 매체에서 가족 간의 돈거래일지라도 증여세를 과세할 수 없다는 절세방안들이 소개되고 있다. 하지만 무작정 그대로 따라 하다 가는 증여세와 더불어 가산세 폭탄을 맞을 수 있어서 내용을 꼼꼼히 살펴봐야 한다.

부모가 자녀에게 금전을 증여한 경우 증여세 부담을 회피하고자 차용증을 작성하면 증여세를 부과할 수 없다고 생각하지만 단순하게 차용증만 있다고 무조건 증여세가 면제되는 것은 아니다.

국세청은 부모와 자식 간 금융거래는 증여로 보려고 한다. 차용증만 쓴 가족 간 금전거래는 증여세 회피목적으로 보기 때문에 차용으로 인정을 받기 위해서는 남과의 금융 거래처럼 엄격해야 한다. 이자와 만기 등 차용증의 형식과 내용이 갖춰져야 하며, 실제 이자를 주고받은 내역이 있어야 한다.

국세청에서는 차용증 내용에 따라 이자와 원리금 상환 여부를 매년 지속적으로 사후 관리한다. 해당 내용과 달리 이자 지급이 지속적으로 이루어지지 않거나, 만기에 상환이 이루어지지 않으면 처음부터 해당 금전거래는 증여로 보아 증여세로 과세하며 가산세 부담도 있다.

요약하자면, 최소한 3가지 요건 중 2가지 이상의 요건은 충족되어야 증여세 회피성 거래가 아니라고 판단할 수 있다.

▶ 증여 대상이 무엇인지 분명히 알고 증여세 신고를 하자.

1. **차용증을 쓰고 바로 공증을 받자.**
   증여세 조사가 나왔을 때 사후적으로 작성이 되었다는 의심을 살 수 있기 때문이다. 차용증에는 이자와 원금을 언제 어떻게 납입할지 명확하게 나와야 한다.

2. **모든 거래는 통장으로 이체하자.**
   금융기관과 거래하는 것처럼 정해진 날에 미리 정한 대로 이자와 원금을 이체해야 한다.

3. **이자에 대해서 이자에 대한 원천세 신고를 하자.**
   비영업대금의 이익이라고 하며 이자율은 당좌대출이자율(4.6%)로 설정하고 27.5%(지방세 특별징수분 포함) 세율의 원천징수와 함께 원천세 신고를 하면 된다. 원천징수를 하지 않는 경우 무조건 5월에 종합소득세 과세 대상이 된다.

3-2. ◀ SOLUTION

[문서1. 차용증 예시]

금 전 대 차 계 약 서

당사자의 표시

대여인
이름   :
주소   :
주민등록번호   :
전화번호   :

차용인
이름   :
주소   :
주민등록번호   :
전화번호   :

대여인과 차용인은 다음과 같이 금전대차계약을 맺는다.

▶ 증여 대상이 무엇인지 분명히 알고 증여세 신고를 하자.

[문서1. 차용증 예시]

제1조 (금액)
대여인은 차용인에게 금 원(₩)을 빌려주고 차용인은 이를 빌린다.

[받은 사람의 확인 : (서명 또는 인)]

제2조 (이자)
위 차용금의 이자는 원금에 대하여

연 4할 6푼(4.6%)의 비율에 의하여 지급하기로 한다.

제3조 (변제기일 및 변제방법)
차용인은 위 차용원금을 20년 월 일까지 전부 상환한다.

이자는 매월 일까지 모두 갚기로 하며,

대여인이 추후 지정하는 계좌에 송금하여 지급한다.

제4조 (기한의 이익상실)
다음의 경우 차용인은 변제기일 이전이라도 원금과 이자를 갚으라는

대여인의 요구를 거절하지 못한다.

1. 이자를 2개월 이상 지급하지 않았을 때
2. 차용인이 제3자로부터 압류 또는 가압류를 받거나 파산선고를 받았을 때

제5조 (특별히 정하는 사항)
특별히 정하는 사항이 없는 경우에는 일반상관례에 따른다.

20 년   월   일

     대여인   (서명 또는 인)

     차용인   (서명 또는 인)

▶ [예규 판례. 대구지방법원 2012구합746 (2012.06.20)]

Q. 차용증이 없거나 원금 또는 이자 변제 내역이 없어 증여로 보는 것이 상당함

A. 원고가 뇌물을 수수한 범죄사실로 징역 5년 형이 확정된 후 원고와 가족들에게 이 사건 총액을 지급하였고 원고와 그의 가족들은 이 금액을 수령할 당시에는 차용증을 작성하지 않았으며 수령일로부터 4년이 넘도록 원금이나 이자를 변제하지 않은 것으로 보아 증여로 보는 것이 상당함.

▶ [예규 판례. 서울고등법원 2014누51236 (2014.11.20)]

Q. 원고가 아버지로부터 이 사건 금원을 차용하였다고 볼 수 없음

A. 원고가 아버지로부터 이 사건 각 금원을 증여받은 것이 아니라 차용하였다는 사실에 대한 증명 책임은 원고에게 있는데, 금전소비대차 계약에 따른 변제기나 이자 약정 등 구체적인 설명이 없는 등 실제 차용에 대한 계약서로 인정하기에 부족함.

▶ 증여 대상이 무엇인지 분명히 알고 증여세 신고를 하자.

MEMO. ▶

3 - 1.
3 - 2. ◀
3 - 3.

부모에게 받은 축의금과 생활비, 손주들 학비 증여세 문제가 없을까?
가족 간의 돈 거래, 갚을 건데 어디까지 대여이고 증여일까? ◀
결혼할 자녀의 주택 마련, 어디까지 증여세를 안 내도 될까?

작년 퇴직한 전 상무는 올해 결혼을 앞둔 아들의 주택 마련에 조금이나마 보탬이 되고 싶은 마음이다. 최근 혼인 출산에 대한 증여재산 공제 한도가 늘어나 1.5억 원까지는 세금 부담 없이 자금을 융통해 줄 수 있을 것 같은데 아무래도 그것만으로는 부족할 것 같아 추가적인 지원을 해주고 싶지만, 얼마 정도를 세금 부담 없이 줄 수 있는 건지 감이 안 온다.

**결혼할 자녀의 주택 마련,
어디까지 증여세를 안 내도 될까?**

3-3. ◀ SOLUTION

자녀의 결혼을 앞둔 부모 입장에서 가장 큰 고민은 예나 지금이나 자녀가 거주할 주택이 1순위인 것 같다. 특히 열심히 일해 저축한 돈만으로 내 집 마련을 하기가 힘든 시대다 보니 신혼 주택 마련에 앞서 가족 간 증여, 금전 대여 등이 빈번하게 발생하고 있다. 2024년부터 혼인 전, 후 및 출산 후 2년 이내에 부모로부터 증여받는 재산에 대해 1억 원의 추가 공제가 되어 신혼부부가 양가에서 모두 지원을 받는 경우 증여세 부담 없이 1.5억 원씩 총 3억 원의 자금을 지원받을 수 있다. 10% 정도의 증여세는 부담할 여력이 있다면 2.5억 원씩 총 5억 원의 자금을 마련할 수 있다. 그러나 증여세 또한 증여받는 자녀가 부담해야 하는 세금이기 때문에 차라리 금전 대여를 통해 자금을 융통하고 차용증과 적정 이자를 주고받음으로써 정상적인 금전대차 거래로 인정받는 것이 속 편할 수 있다.

따라서 이 경우 이자율을 어떻게 합리적으로 결정해야 하는지, 적정이자율 기준으로 얼마의 추가 자금을 빌려주는 것이 가능한지 알아보자.

현행 세법상 특수관계인에게 자금을 무상으로 빌리거나, 적정수준(당좌대출이자율 4.6%)보다 낮은 이자율로 빌리면 그로 인해 이익이 발생했다고 보고 증여세를 매기고 있다. 단, 해당 이익이 1천만 원 미만이면 증여세 과세 대상에서 제외한다. 이를 잘 활용하면 가족 간 차용 시 증여세 부담은 없으면서 이자 부담은 최소화할 수 있는 차용 규모는 217,391,304원 이다.

▶ 증여 대상이 무엇인지 분명히 알고 증여세 신고를 하자.

예를 들어, 4억 원을 2024년 8월 1일에 어머니에게 무이자로 빌리고 차용증을 작성했다 하자. 현행 세법은 원칙적으로 가족간 소비대차를 인정하지 않기 때문에 우선 증여로 볼 것이다.

차용으로 인정이 되면 그 원금에 대해서는 증여문제가 발생하지 않겠지만 그렇지 않을 경우 4억을 빌린 2024년 8월 1일을 기준으로 연간 4.6%의 이자 즉, 1천 8백 4십만 원에 대해 증여가 발생했다고 보는 것이다.

언뜻 직계존비속에 대한 증여재산 기본공제 5천만 원에 미달하니 문제가 없을 것 같지만 매년 8월 1일마다 1천 8백 4십만 원의 증여를 받는 것과 같기 때문에 합산한 증여재산 가액 기준으로 매년 증여세 과세 문제가 발생한다는 점에 유의해야 한다.

참고로 적정수준(당좌대출이자율 4.6%)보다 낮은 이자율인 2.2%로 차용하면 어떤 문제가 생길 수 있을까? 결과만 보면 적게 지급한 만큼 증여세가 없다. 줄어든 이자 부담액이 1천만 원 미만이라 증여세 과세 대상이 아니며 합산 규정도 적용하지 않는다.

3-3. ◀ SOLUTION

[표16. 무상대출에 대한 증여 이익 계산 예시]

무상대출등에 따른 증여이익 = 4억 원 × (4.6%-2.2%) = 960만 원

증여재산가액 (1천만 원 이상인 경우에만 과세)
= 대출금액 × 적정이자율 – 실제 지급한 이자상당액

▶ 증여 대상이 무엇인지 분명히 알고 증여세 신고를 하자.

여기서 유의해야 할 점은 금전을 빌려주는 입장인 어머니의 이자소득 부분에 대한 소득세 신고 납부 문제가 발생할 수 있다는 점이다. 금융기관이 아닌 개인 간 금전거래에서 발생한 이자는 비영업대금의 이익으로써 27.5%의 원천징수를 하고 지급해야 한다. 원천징수를 하고 지급한 이자에 대해서 이자를 받는 어머니 입장에서 다른 금융소득과의 합계액이 연간 2천만 원 이하라면 종합소득세 신고 의무는 없다. 하지만 원천징수를 하지 않거나 어머니의 금융소득이 연간 2천만 원을 초과하는 경우에는 타 소득과 합산하여 종합소득세 신고납부를 해야 하므로 금전 차용을 계획하는 단계에서 자금을 빌리는 입장인 자녀의 증여세뿐만 아니라 이자를 지급받는 어머니의 종합소득세 과세 가능성까지 고려해야만 한다.

▶ [예규 판례. 서면-2016-상속증여-4687 (2018.06.21)]

Q. 거래가 금전소비대차에 해당하는지 여부

A. 계약, 이자 지급 사실, 차입 및 상환 내역, 자금출처 및 사용처 등 해당 자금거래의 구체적인 사실을 종합하여 판단할 사항이며, 타인으로부터 금전을 무상 또는 적정 이자율보다 낮은 이자율로 대출받은 경우에는 상속세 및 증여세법 제41조의 4 제1항 각호에 따라 계산한 가액을 대출받은 자의 증여재산 가액으로 하는 것입니다. 다만, 그 가액이 1천만 원 미만인 경우에는 과세에서 제외하는 것이며, 같은 법 제47조 제2항에 따른 증여재산 가액의 합산 규정도 적용하지 않는 것입니다.

결혼 10년 차 이 차장은 어머니 소유의 아파트에서 신혼살림을 시작하여 지금까지 계속 살고 있다. 교육여건도 좋고 주거환경도 좋은 편이라 계속 이 집에 거주할 수 있으면 좋겠다는 생각이다. 그런데 최근 인터넷 투자카페에 가족 소유의 집에 살더라도 아파트 가격 수준에 따라 세금문제가 발생할 수 있다는 글들이 심심치 않게 보인다. 10년 전에 비하면 지금 사는 아파트 가격은 두 배 이상 올라 15억 원 정도가 되어 고가주택에 들어간다는 건 알고 있는데 무슨 세금을 얼마나 어떻게 내야 하는 걸까?

**부모님 소유 아파트에서 전세보증금을
안 내고 산다면 세무 문제가 있나요?**

3-4. ◀ SOLUTION

국세청은 타인의 부동산을 무상으로 사용함에 따라 얻는 이익에 대해서 증여세를 부과한다. 계산 방법은 부동산 가액에 연간 2%를 곱하여 무상사용 이익을 구하고, 5년 치를 합산하여 현재가치로 전환한다. 아래 표와 같이 1년치 무상사용 이익에 3.7908를 곱하면 5년 치 현재가치가 된다. 다만, 이 금액이 1억 미만이면 증여세가 면제된다.

이 차장이 2021년 8월 1일부터 어머니 소유 아파트에서 살기 시작했고 아파트 가액이 15억 원이라고 가정하면 아래 산식에 의해 각 연도의 부동산 무상사용 이익은 15억 원의 2%인 3천만 원 이 되며 5년간의 부동산 무상사용 이익의 합계액은 약 1억 1천 3백만 원으로 계산된다. 즉, 부동산 무상사용을 개시한 2021년 8월 1일에 약 1억 1천 3백만 원의 증여가 있었다고 보아 증여세를 과세하는 것이다. 5년이 지난 후에도 계속 거주한다면 2026년 8월 1일에도 같은 방식으로 5년 치를 합산 계산하여 증여세를 다시 과세하는 것이다.

표 17의 산식을 역산하면 가족 소유 주택에서 무상으로 거주하더라도 증여재산 가액이 1억 원 미만이 되는 금액은 약 13억 1천 8백만 원이라는 결과가 나온다. 다시 말해 시가가 13억 원 미만인 가족명의의 주택에 살고 있다면 증여세 과세문제가 없겠지만 주택가격이 13억 원 이상인 경우에는 증여세가 나올 수 있다.

▶ 증여 대상이 무엇인지 분명히 알고 증여세 신고를 하자.

부동산을 시가보다 낮은 대가를 지급하고 사용하는 경우는 부동산을 무상 사용하는 것으로 보지 않는다. 이 경우에는 시가와 대가의 차이가 시기의 30% 이상인 경우의 증여세 과세 문제를 별도로 따져야 하므로 혼동하지 않도록 유의해야 한다.

[표17. 부동산 무상사용 이익 계산 방법]

각 연도의 부동산 무상사용이익
= 부동산가액(시가) × 연간 2%

증여재산가액 (1억원 이상인 경우에만 과세)
= 각 연도의 부동산 무상사용이익 × 3.7908
(이자율 10%시 5년간 연금의 현가율)

편의점을 하는 최 사장은 최근 편의점 1개를 더 확장하기 위해 어머니 소유 상가를 증여받았다. 그런데 건강이 안 좋아져서 다시 돌려 드리기로 했다. 그런데 다시 돌려드리면 또 증여세를 내야 한다고 해서 난감하다.

증여받은 재산을 반환할 경우
다시 증여세가 나올까?

3-5. ◀ SOLUTION

증여는 민법에서 증여자의 일방적인 의사의 표시이고 수증자가 이를 승낙함으로 효력이 발생한다. 따라서 돌려주는 것 역시 이러한 방식을 따른다. 그러나 세법에서는 증여자가 증여재산을 수증자에게 증여한 후 다시 증여자에게 증여재산을 반환하는 경우 반환 시기에 따라 증여세 과세 여부가 달라진다.

증여세 신고 기한이 증여받은 날이 속한 달의 말일로부터 3개월이기 때문에 3개월 안에 반환이 된다면 증여할 때와 반환할 때 둘 다 과세 제외이다. 즉, 처음부터 증여가 없었던 것으로 보아 과세하지 않는다.

그러나 신고 기한이 지난 후 3개월 내(6개월 내) 반환이 이루어진 경우에는 증여세는 내고, 반환에 대한 증여세는 부과하지 않는다. 반면 신고 기한이 지난 후 3개월 후(6개월 후) 반환이 이루어진 경우, 당초 증여분과 반환 증여분 모두 증여세 과세이다.

이때, 증여재산이 부동산이라면 등기하고 취등록세를 내는데 최초 증여와 반환 모두 등기가 필요하다. 물론 취등록세는 무조건 내야 한다.

금전은 시기에 상관없이 모두 과세하는 것이 원칙이다. 과세를 피하려면 차용이었다는 것을 증명해야 한다. 현실적으로 당초 증여받은 금전과 다시 반환하는 금전의 동일성 여부를 확인할 수 없고 이런 거래를 허용하면 금전 세탁이나 불법 자금 조성에 악용될 수도 있기 때문이다.

▶ 증여 대상이 무엇인지 분명히 알고 증여세 신고를 하자.

[표18. 반환 시기에 따른 증여세 과세 여부]

반환 또는 재증여시기		당초 증여에 대한 증여세 과세여부	반환 증여재산에 대한 증여세 과세여부
금전	금전 (시기에 관계없음)	과세	과세
금전외	증여세 신고기한 이내 (증여받은 날이 속하는 달의 말일부터 3개월 이내)	과세제외	과세제외
	신고기한 경과후 3개월이내 (증여받은 날이 속하는 달의 말일부터 6개월 이내)	과세	과세제외
	신고기한 경과 후 3개월 후 (증여받은 날이 속하는 달의 말일부터 6개월 후)	과세	과세
	증여재산 반환 전 증여세가 결정된 경우	과세	과세

대학 졸업 후 식당을 개업한 김 사장은 은행 대출이 어려워지자 부모님의 아파트를 담보로 5억을 대출하였다. 은행 이자는 본인이 내고 있으나 부모님께 별도로 이자를 드린 적은 없는데 신문 기사를 보다 보니 이런 부분도 증여세가 나올 수 있다고 해서 궁금하다.

부모의 부동산을 담보로
사업자금 대출받는 경우에도 증여세가 나올까?

3-6. ◀ SOLUTION

타인의 부동산을 담보로 제공 후 대출을 하는 경우, 담보로 인해 이자율이 떨어진다거나 대출 한도가 증가하여 이익이 발생할 수 있는데 이에 대하여 부동산을 담보로 이용한 사람에게 그 이익을 증여재산 가액으로 보아 증여세를 과세한다. 모든 상황에서 과세하는 것은 아니며 아래 표처럼 계산하여 그 이익이 1천만 원 이상인 경우에 증여세 과세가 된다.

담보로 활용하는 차입 기간이 정해지지 않은 경우에는 1년 단위로 보고, 1년이 초과하는 경우에는 1년이 되는 날의 다음 날마다 새롭게 해당 부동산을 담보에 이용하는 것으로 보아 계산한다.

위 사례처럼 사업자금에 필요한 차입금 5억 원에 대하여 담보 설정을 부모님의 부동산을 이용하여 진행한 경우, 5억 원에 대하여 기획재정부령으로 정한 이자율 4.6%에 대한 연이자 금액은 2천 3백만 원이다.

은행에 이자율 3%로 연간 천 5백만 원을 납부했다면 이를 차감한 증여 이익은 8백만 원이다. 연간 1천만 원을 초과하지 않기에 증여세가 과세되지 않는다. 하지만 은행이자율이 2%인 경우 연이자 금액은 1천만 원으로 이를 차감한 증여 이익은 1천 3백만 원으로 천만 원을 초과하여 증여세 과세 대상이 된다.

▶ 증여 대상이 무엇인지 분명히 알고 증여세 신고를 하자.

따라서 타인의 부동산을 담보로 활용하여 금전을 차입하고 수증자 별로 증여 이익이 1천만 원이 넘지 않는 선에서 차입계획을 세운다면 증여세 과세 대상에 해당하지 않고 절세계획을 세울 수 있을 것이다.

참고로 상속세나 증여세를 납부하는 데 있어 그 금액이 큰 경우 장기간에 걸쳐 나누어 내는 제도로 연부연납 제도가 있다. 연부연납을 신청하는 경우에도 담보의 제공이 필요하지만, 이때는 납세담보를 제공하더라도 증여세 과세 대상에 해당하지 않는다.

[표19. 부동산 무상 담보 이익 계산식]

부동산을 무상으로 담보이용하여 얻은 이익
= (금전 등의 차입금액 X 적정이자율 4.6%) − 실제로 지급하였거나 지급할 이자

기획재정부령으로 정한 이자율 = 4.6%

대기업에 다니는 최 부장은 8년 전 아버지 소유의 대치동 건물을 증여받았는데 매도를 검토하고 있다. 그런데 세금 관련 유튜브를 찾다 보니 콘텐츠 타이틀이 "증여받고 10년 안에 팔면 안된다"는 것이다. 개인 재산인데 팔지 못하게 막는 법이 있는지 궁금하다.

증여받고 10년 동안 팔면 안된다는
말이 무슨 뜻일까?

증여를 받고 10년 동안 팔면 안 된다는 말은 매도가 안 된다는 얘기가 아니라 양도소득세 계산을 다시 하여 증여를 활용한 양도소득세 탈세를 막겠다는 말이다. 세금만 제대로 내면 얼마든지 매각해도 된다. 2023년 1월 1일 이후 증여는 10년, 그 이전에 증여받는 것은 5년이다.

증여세 신고를 할 때 증여재산 공제는 배우자에게 6억 원, 직계존비속에게 5천만 원이다. 이를 활용하여 부동산을 증여하면 공제금액 범위내에서는 증여세가 없을 수 있고, 공제금액 부분에 대하여 양도소득세 부담을 줄일 수 있다.

예를 들어, 1억에 매입한 상가를 배우자에게 6억에 증여세 없이 증여하고 배우자가 6억에 양도하면 양도소득세도 없다. 증여하지 않았으면 6억과 1억의 차액인 5억의 이익에 대해서 양도소득세를 냈어야 한다.

즉, 증여받은 수증자는 이후 양도할 때 취득가액을 증여 당시 시가로 보아 양도차익을 줄여 양도소득세 부담을 줄일 수 있는 것이다. 결과적으로 증여공제의 효과와 양도소득세 절세효과를 볼 수 있다.

이러한 증여공제를 활용하여 단기간 내 부동산을 양도하면서 증여 당시 시가를 양도소득세 계산 시 취득가액으로 보아 세 부담을 줄이는 방식은 실질상 증여자가 양도한 것으로 보아 과세하는 것을 이월과세라고 한다.

▶ 증여 대상이 무엇인지 분명히 알고 증여세 신고를 하자.

증여자가 자산을 직접 양도하는 것으로 보는 경우일지라도 증여자와 수증자는 연대하여 납세의무를 지지 않으며, 증여당시 배우자가 양도 당시 이혼으로 배우자 관계가 아니어도 이월과세를 적용한다.

이월과세가 적용되는 자산으로는 토지ㆍ건물ㆍ부동산을 취득할 권리 및 특정시설 이용권을 말한다. 2025년부터는 배우자로부터 증여받은 주식도 1년 이내 양도하면 이월과세와 유사 규정이 적용될 예정이다.

하지만, 이월과세를 적용해서 오히려 세금이 줄거나 피치 못할 사정이 있을 때는 적용하지 않는다.

구체적으로 이월과세 계산식을 보면 아래 표와 같은데 양도소득세를 계산할 때 해당 자산의 취득가액은 수증자가 증여받을 당시의 가액을 취득가액으로 한다. 그리고 수증자가 납부한 증여세상당액을 경비로 인정해 준다. 증여받기 전에 지출한 자본적 지출액은 당연히 경비로 인정이 되며, 증여받은 다음 지출한 자본적 지출액 역시 경비 인정이 되는 것으로 2024년 개정되었다.

이월과세 대상 부동산 등을 양도하는 경우 장기보유특별공제를 적용하기 위해 보유기간을 계산할 때 최초 매입일 즉, 수증자가 아닌 증여자를 기준으로 증여자가 취득한 날을 기산일로 본다. 세율 역시 수증자가 아닌 증여자의 취득일부터 양도일까지의 기간을 적용한다.

3-7. ◀ SOLUTION

[표20. 이월과세를 적용하지 않는 경우]

이월과세를 적용하지 않는 경우
1. 이월과세 적용한 양도소득세가 적용하지 아니한 경우보다 적은 경우
2. 사업인정고시일부터 소급하여 2년 이전에 증여받아 법률에 따라 협의 매수 또는 수용된 경우
3. 이월과세 적용시 1세대 1주택, 일시적 2주택 등에 해당하는 경우

[표21. 이월과세 계산식]

$$\text{이월과세대상 자산에 대한 증여세 산출세액} = \text{증여받은 자산에 대한 증여세산출세액} \times \frac{\text{이월과세대상증여세 과세가액}}{\text{증여세 과세가액의 합계액}}$$

▶ 증여 대상이 무엇인지 분명히 알고 증여세 신고를 하자.

참고로 배우자나 직계존비속에게 증여하지 않고 이들을 제외한 특수관계인에게 증여 후 그 자산을 10년 이내에 양도하면 어떻게 될까? 이때는 부당행위계산부인이라는 규정으로 증여자가 직접 양도한 것으로 보아 계산한 양도소득세가 증여받은 자의 증여세와 양도소득세 합한 금액보다 큰 경우 이를 적용한다.

한편, 부당행위계산부인 규정이 이월과세와 다른 점은 수증자는 증여자와 함께 연대납세의무를 지는 것이다. 장기보유특별공제를 위한 보유기간 계산 기준일은 동일하게 증여자가 취득한 날로 한다.

부당행위계산이 적용되는 경우 당초 증여받은 수증자에게 증여세를 부과하지 아니하기에 부과를 취소하고 환급이 된다.

사업가인 박 사장은 생전에 자녀에게 재산을 물려주려고 한다. 하지만 높은 증여세 때문에 고민하던 중 양도를 통해 재산을 물려주기로 결정한다. 소득이 있는 자녀에게 싼 값에 건물 등을 양도하였고, 자녀의 재산을 비싼 값을 주고 거래를 하였다. 박 사장은 친구들에게 이야기를 하던 중 세무사 친구가 부당행위에 해당할 수 있다고 하여 걱정이 사라지지 않는다.

가족끼리 싸게 사고 팔면
양도세와 증여세를 줄일 수 있을까?

가족 간에 대가를 주고받고 소유권을 이전하더라도 그 거래가격이 시가 대비 적정하지 않은 경우 과세 문제가 발생할 수 있고 실제 관련 세무조사도 종종 나온다.

거래 대가가 증여세법에서 규정하고 있는 기준 금액에 미치지 못하면 양수일 또는 양도일을 증여일로 보아 그 차액을 이익의 증여로 본다. 거래하는 당사자 간 특수관계에 따라 그 요건이 다르다.

양수자와 양도자가 특수관계인으로, 저가로 양수하거나 고가로 양도하는 경우에는 그 거래 대가와 시가의 차액이 3억 원 이상이거나 차액이 시가의 30% 이상인 경우 증여로 보고 있다. 이때 증여재산은 시가와 거래 대가 차액에서 시가의 30% 또는 3억 원 중 적은 금액을 차감하여 계산한다.

양수자와 양도자가 특수관계인이 아니라면 저가로 양수하거나 고가로 양도하는 경우 그 거래 대가와 시가의 차액이 시가의 30% 이상인 경우에만 증여로 보고 있다. 증여재산 가액은 시가와 거래 대가 차액에서 3억 원을 차감한다.

예를 들어, 자녀가 아버지로부터 시가 2억 원인 토지를 1억 원에 양수한 경우 특수관계인 간 저가 양수로써 차액(1억 원)이 시가의 30%(6천만 원 =2억 원 x 30%) 이상이기에 증여로 보며, 차액 1억 원에서 시가의 30%와 3억 원 중 적은 금액인 6천만 원을 제외한 4천만 원을 증여재산 가액으로 본다.

▶ 증여 대상이 무엇인지 분명히 알고 증여세 신고를 하자.

위의 사례는 받는 입장에서 증여세를 살펴본 것이고 참고로 파는 입장에서 양도소득세도 같이 고려해야 한다. 요건에 따라 양도자 입장에서 실제 거래 대가가 아닌 시가를 양도가액으로 보아 양도소득세를 과세할 수 있음을 주의해야 한다.

특수관계인 간 거래에서 양도자가 시가보다 낮은 대가로 재산을 양도하는 경우 시가와 거래 대가의 차액이 3억 원 이상이거나 차액이 시가의 5% 이상인 경우 실제 가격을 무시하고 시가를 양도가액으로 하여 양도소득세를 다시 계산한다. 이를 부당 행위 계산의 부인이라고 한다.

예를 들어, 아버지가 자녀에게 시가 4억 원인 건물을 2억 원에 양도한 경우 그 차액(2억 원)이 시가의 5%(2천만 원 =4억 원 x 5%) 또는 3억 원 이상이기에 부당 행위 계산에 해당한다. 실제 대가가 아닌 시가 4억 원을 양도가액으로 보아 양도차익 및 양도소득세가 계산되는 것이다. 이때, 자녀는 건물을 저가 양수한 것으로 차액(2억 원)에서 시가의 30%(1억 2천만 원)를 차감한 8천만 원 이 증여재산 가액이 되며 향후 건물을 양도할 경우 증여재산 가액을 합친 2억 8천만 원이 취득가액이 되는 것이다.

▶ [예규 판례. 대법원-2012-두-10932 (2012.09.13)]

Q. 특수관계자 간 저가 양도 시 양도소득세와 증여세를 부과하는 것은 이중과세 금지 원칙에 위배되지 아니함

A. 특수관계자 간 재산의 저가 양도 시 부당행위계산부인 규정을 적용하여 양도인에게 양도소득세를 부과하고, 상속세 및 증여세법상 의제 조항에 의하여 양수인에게 증여세를 부과하는 것이 동일한 담세력의 원천에 대하여 중복 과세하는 결과를 가져온다 하더라도 이중 과세 금지 원칙에 위배되지 아니함.

▶ [예규 판례. 조심-2019-부-1504 (2019.07.26)]

Q. 저가로 양수하여 증여세가 과세된 쟁점 주식을 양도한 경우 취득가액 산정 방법

A. 쟁점 조문 제9항은 저가 양수에 따른 증여는 쟁점 조문 제9항의 적용을 제외한다고 규정하고, 쟁점 조문 제10항은 저가 양수로 증여세가 과세된 경우 취득가액은 취득가액에 증여재산 가액을 더하라고 규정하고 있는 점 등에 비추어 처분청이 쟁점 주식의 취득가액을 증여 이익가산액으로 하여 경정·고지한 이 건 처분에는 달리 잘못이 없음.

▶ 증여 대상이 무엇인지 분명히 알고 증여세 신고를 하자.

MEMO. ▶

증여받고 10년 동안 팔면 안된다는 말이 무슨 뜻일까?
가족끼리 싸게 사고 팔면 양도세와 증여세를 줄일 수 있을까? ◀

[기본편]

솔루션 4.

상속세 신고는 6개월짜리 장기 레이스임을 알고 신고하자.

아직 30대 초인 김 대리는 5개월 전에 갑자기 아버지가 돌아가셨다. 주변에 상속세 신고한 지인이 거의 없다 보니 세무사의 조언을 들어가면서 사망신고, 안심 상속 원스톱 서비스, 은행과 보험사 방문 등 연차를 1주일 넘게 써 가면서 상속세 신고를 하였는데 6개월 동안 긴 여정이었다. 이제 어머니와 상의해서 납부만 하면 된다.

상속세 신고와 납부는 언제 어떻게 하는 걸까?

4-1. ◀ SOLUTION

상속이 발생하면 장례를 치르고 1개월 안에 상속인들은 상속세 신고를 문의할 전문가를 찾는다. 사망신고 기한이 1개월 안이라 대부분 이 때 사망신고를 하고 문의를 하는데 장례 후 가장 중요한 일은 상속인들 간에 재산을 분할하는 것과 상속세를 신고하는 것이다.

상속재산을 분할할 때 민법상 인정되는 공식적인 유언이 있다면 그것을 최우선으로 하고, 그 다음 상속인들 간의 협의를 통해 분할, 마지막으로 법정상속 비율대로 분할한다. 협의분할은 피상속인의 분할금지 유언이 없어야 하며 공동상속인 전원이 협의에 의하여 자유롭게 계약하고 분할해야 유효하다.

법정상속 지분은 표처럼 비율이 정해져 있다. 예를 들어, 자녀가 2명이고, 배우자가 있다면 자녀 1명의 법정상속 지분 비율은 상속재산의 1/3.5로 즉 2/7에 해당한다.

상속세 납부는 상속재산을 각자 받았거나 받을 재산을 기준으로 계산한 금액에 대하여 상속세 납부 의무를 가진다. 하지만, 반드시 상속받은 재산만큼 부담해야 하는 것은 아니다. 협의를 통한 분할로 달라질 수 있으며, 받았거나 받을 재산을 한도로 연대하여 납부할 수도 있다.

▶ 상속세 신고는 6개월짜리 장기 레이스임을 알고 신고하자.

사망신고 이후 구청이나 주민센터, 정부24에서 안심 상속 원스톱 서비스를 신청하여 피상속인이 재산을 파악한다. 정부에서 제공하는 재산 조회 서비스이다. 보통 일주일 안에 세금 납부, 국민연금, 자동차, 금융재산, 부동산 등에 대한 정보를 받을 수 있다. 금융재산은 좀 더 자세한 내역을 위해서는 금융기관을 방문해야 하는데 그 전에 금융감독원 조회 서비스도 참고할 만하다.

사망일 이후 출금을 얼마를 하든지 어차피 상속일 시점의 통장 잔액을 신고하기 때문에 상속세에 영향은 없다. 재산 조회 서비스 이후에는 통장에서 인출이 안 되기 때문에 급하게 내야 할 돈이 있다면 미리 인출을 해놓을 필요가 있다.

[표22. 상속순위와 법정상속 지분 예시]

상속순위	관계	분배율
1순위	직계비속, 배우자	자녀1, 배우자1.5
2순위	직계존속, 배우자	부1, 모1, 자녀가 없는 배우자1.5
3순위	배우자	직계존비속이 없는 배우자 단독
4순위	형제자매	1,2,3 순위가 없는 경우
5순위	4촌 이내 방계혈족	1,2,3,4 순위가 없는 경우

4-1. ◀ SOLUTION

▶ [예규 판례. 재삼 46014-1648 (1995.07.03)]

Q. 공동상속인 간의 협의에 의하여 재산을 분할한 경우의
상속세 납부 의무 여부

A. 공동상속인은 각자가 받았거나 받을 재산의 점유 비율에 따라 연대하여 납부할 의무가 있는 것이므로 공동상속인 간의 협의에 의하여 재산을 분할한 경우에는 그 협의분할 내용에 따라 상속세 납부 의무를 지는 것이며, 공동상속인 간의 협의에 의하여 그중 1인이 피상속인의 사업체를 승계한 경우에는 이를 협의분할로 볼 수 있는 것임.

▶ 상속세 신고는 6개월짜리 장기 레이스임을 알고 신고하자.

[표23. 상속세 준비 필요 서류]

항목	주요 서류
기본서류	① 사망진단서. ② 피상속인 최근 주소를 확인할 수 있는 주민등록등본. ③ 피상속인과 상속인이 나와 있는 가족관계증명서. ④ 상속인 주소를 확인할 수 있는 주민등록등본 등. ⑤ 상속재산분할협의서, 유언장. ⑥ 정부 24 안심상속원스톱서비스 조회 결과. ⑦ 금융감독원 상속인 금융거래조회 결과.
부동산 관련	① 상속개시일전 10년간 피상속인 및 상속인 부동산 거래내역. ② 위 부동산 거래내역에 대한 부동산 매매계약서, 양도소득세 신고서. ③ 소유권보존 등기 건물이 있는 경우 건축관련 공사계약서, 증빙 등. ④ 부동산 중 금양임야·묘토가 있는지 여부. ⑤ 감정평가보고서. ⑥ 담보신탁 관련 신탁계약서.
금융재산 관련	① 상속개시일전 10년간 예금계좌거래내역서. (엑셀 또는 인쇄자료) ② 상속개시일 당시 잔액증명서. ③ 개인 대여금 관련 확인 내역.(금전소비대차약정서, 차용증 등) ④ 소장, 판결문 등 대여금 또는 기타 채무내역을 확인할 수 있는 내역. ⑤ 보험증서 및 보험증권, 해약환급금 확인서, 보험금지급확인서. ⑥ 예·적금 상속개시일 당시 예상 세후 이자소득 또는 이자율 자료.(세후 이자소득을 금융재산 잔액에 합산용도) ⑦ 국세환급금 내역서.

4-1. ◀ SOLUTION

[표23. 상속세 준비 필요 서류]

채무관련	① 사채 개인 채무 관련 내역.(금전소비대차약정서, 차용증 등) ② 금융기관에 대한 개인 신용대출, 담보대출 약정서. ③ 채무부담액의 자금소요 내역. ④ 보증금을 확인할 수 있는 임대차계약서.
사전증여세 신고서	① 최근 10년 이내 상속인 증여세 신고서. ② 최근 5년 이내 상속인외 증여세 신고서.
기타재산 관련	① 퇴직금 법인 원장, 정관, 사내 퇴직금 규정, 퇴직소득원천징수영수증. ② 상표권 관련 증서 및 세부내역. ③ 특허권 관련 증서 및 세부내역. ④ 피상속인 명의 골프회원권 증서, 콘도미니엄회원권 증서, 차량등록증.
기타 서류	① 장례비용 영수증. ② 납골시설 이용시 납골 영수증. ③ 공익법인이나 공익재단, 종교시설 등에 대한 기부예정 내역. ④ 상속개시일 이후 피상속인이 부담해야 할 각종 공과금 내.

▶ 상속세 신고는 6개월짜리 장기 레이스임을 알고 신고하자.

[표23. 상속세 준비 필요 서류]

비상장주식	① 법인 세무조사 결과통지서 또는 세부내역. ② 상속개시일 현재 법인 가결산 재무제표, 결산부속명세. 　(만일 있다면) ③ 최근 3년간 세무조정계산서, 결산보고서, 감사보고서. ④ 상속개시일 현재 법인 계정별 원장.(엑셀 변환) ⑤ 상속개시일 당시 법인 주주명부. ⑥ 상속개시일 당시 비상장주식평가조서.
종합소득세	① 사업자등록증. ② 상속개시일 전 5년간 부가가치세, 종합소득세 신고서. ③ 최근 부가가치세 신고서.(공과금 공제용) ④ 최근 종합소득세 신고서.(공과금 공제용) ⑤ 임차인에 대한 부동산 임대차계약서. ⑥ 최근 종합소득세 신고서.(공과금 공제용)

아버지가 위암 3기로 병원에서 투병 생활을 한 지 2년이 넘은 김 부장은 상속세에 대해 알아보고 있다. 아버지 소유의 아파트가 20억 정도 하는데 인터넷을 보다 보니 배우자공제가 최대 30억 원이라고 한다. 어머니가 살아 계시니 상속세가 없다는 소리인지 궁금해졌다.

배우자공제를 활용하면
상속세 절세에 큰 도움이 될까?

4-2. ◀ SOLUTION

배우자 상속공제는 최소 5억 원에서 최대 30억 원까지 공제가 가능하다. 피상속인의 배우자가 있는 경우 이를 활용하여 최적의 공제를 받을 방법을 계획하는 것이 중요한 절세 포인트이다.

법적 배우자가 생존해 있다면 최소 5억 원의 공제가 가능하다. 민법상 법률혼만 인정하며 이혼 소송 중이더라도 판결 전이라면 당연히 공제 대상이다. 드문 경우지만 부부가 동일한 시각에 사망하면 각자 상속세 계산을 해야 한다. 그러나 시차를 두고 사망한 것이 확인된다면 법정 지분을 상속받은 것으로 보고 배우자공제가 가능하다.

표24의 배우자공제 계산식을 보면 배우자가 받은 상속재산이 없더라도 최소 5억 원은 공제를 받을 수 있다. 배우자가 실제 상속받은 재산이 5억 원보다 크다면 최소 공제금액이 5억이 넘을 수 있다. 이때 배우자에게 사망 10년 이내에 증여했다면 배우자상속공제 대상에서 제외한다. 따라서 배우자공제를 생각하면 배우자에게 증여하는 것보다 상속이 유리하다.

▶ 상속세 신고는 6개월짜리 장기 레이스임을 알고 신고하자.

그러나 배우자에게 많은 재산이 분배되더라도 30억 이하 법정 상속지분 이내라는 배우자 공제한도를 정해 놓았다. 법정 상속액을 계산하는 방법이 복잡해 보이지만 간단히 설명하면, 아무리 배우자에게 상속재산을 배분하더라도 법정상속 지분까지만 인정한다는 의미이다. 즉, 자녀 1명 (법정상속 지분1)과 배우자 (법정상속 지분 1.5)가 있을 때 상속재산에 1.5/(1+1.5), 즉 3/5을 곱한 만큼만 인정한다.

배우자공제를 위해서는 상속세 과세표준 신고 기한의 다음 날부터 9개월이 되는 날까지 배우자의 상속재산을 분할한 경우에 적용한다. 배우자공제만 받고 실제 상속재산은 다른 상속인들이 갖는 것을 막기 위해서이다.

끝으로 이런 큰 혜택을 주는 이유가 무엇일지 생각해 볼 필요도 있다. 배우자에게 상속재산을 많이 분배할수록 배우자가 사망했을 때 다시 또 상속세 과세를 할 수 있기 때문이다. 어떻게 보면 세금 내는 걸 미뤄준 것으로 볼 수 있지만 당장의 자금 사정을 고려했을 때 배우자 상속은 매력적인 수단임이 틀림없다.

[표24. 배우자공제 계산식]

배우자 상속공제금액

Max (5억 원, Min(A,B, 30억 원))

A : 배우자가 실제 상속받는 금액 (사전증여재산과 추정상속재산 제외)
B : 배우자의 법정상속액 (a-b+c) × d-e

a. 상속으로 얻은 자산총액에서 비과세되는 상속재산, 공과금 및 채무, 공익법인 등의 출연재산 및 공익신탁재산에 대한 상속세가액 불산입 재산을 뺀 금액.
b. 상속재산 중 상속인이 아닌 수유자가 유증 등을 받은 재산의 가액.
c. 상속개시일 전 10년 이내에 피상속인이 상속인에게 증여한 재산가액.
d. 민법상 배우자의 법정상속분.
   (법정상속분에는 상속포기자가 있을지라도 상속권자들이
   포기하기 전의 지분을 의미)
e. 상속재산에 가산한 증여재산 중 배우자가 사전증여받은 재산에 대한 증여세 과세표준.

▶ 상속세 신고는 6개월짜리 장기 레이스임을 알고 신고하자.

▶ [예규 판례. 조심 2008중 3100 (2009.04.17)]

Q. 사실혼 관계에 있는 자가 주민등록상 처로 등재된 경우 배우자공제 대상으로 볼 수 있는지 여부

A. 상속세 배우자 공제 대상은 민법상 혼인으로 인정되는 법률상 배우자만을 그 대상으로 하고 있어 사실혼 관계가 확인되더라도 배우자공제는 배제됨.

▶ [예규 판례 12. 조심 2022인 0088 (2022.07.12)]

Q. 상속재산 분할등기 등을 배우자상속공제 요건으로 보아 청구인의 배우자 상속공제를 부인한 처분의 당부

A. 상속을 원인으로 한 단순 상속등기가 마쳐졌다고 하여 공동상속인들 사이에 상속재산분할 협의를 하고 그에 따른 등기를 하였다고 보기 어려운 점 등에 비추어 처분청이 이 건 상속세를 부과한 처분은 달리 잘못이 없는 것으로 판단됨.

김 교수의 아버지는 최근 간암 수술을 하시더니 유언을 남기고 싶다고 한다. 주변에 물어보니 변호사를 통해 유언을 남긴다고 하는데 다른 형제들과 오해도 생길 것 같고, 수수료도 걱정이 된다. 상속세 신고할 때 어떤 유언이 인정되는지도 궁금하다.

유언이 상속세에 어떤 영향을 끼칠까?

4-3. ◀ SOLUTION

유언이란 본인의 뜻으로 사망 후의 법률관계를 정하려는 생전의 최종적 의사표시로서 상대방의 수락이 필요하지 않다. 유언자는 자유롭게 유언할 수 있고 언제든지 변경하거나 철회할 수 있다.

그러나 유언은 아래 표처럼 민법에서 정한 방식에 의하지 아니하면 그 효력이 없다.

상속으로 재산을 분배할 때 유언을 최우선으로 하지만 재산 분배가 꼭 이렇게 이루어질지 100% 확신을 할 수는 없다. 상속인이 유언증서나 녹취록을 분실하였다고 할 수도 있고, 유언에도 불구하고 유류분 청구 소송이 발생할 수도 있다. 변호사 등을 통해 공증을 받는 경우에는 그나마 비용은 들더라도 그 효력을 담보할 수 있다. 비용은 상속재산 금액의 일정 비율(0.15%)로 발생한다고 한다.

유언으로 재산을 무상으로 이전하는 것은 유증과 사인증여가 있다. 유증은 유언을 통해 무상으로 재산상 이익을 타인에게 주는 것을 말한다. 사인증여는 생전에 증여계약을 하고 재산 이전은 사망 이후로 하는 것을 말한다. 둘 다 상속재산에 포함된다. 유증은 전체 상속재산의 일정 비율을 포괄적으로 승계할 수도 있고, 특정 재산을 특정할 수도 있다. 부담부증여처럼 채무와 함께 넘기는 부담부유증도 가능하다.

▶ 상속세 신고는 6개월짜리 장기 레이스임을 알고 신고하자.

[표25. 민법상 효력 있는 유언의 방식]

민법상 효력있는 유언의 방식	
자필증서에 의한 유언	유언 내용과 연월일, 주소, 서명을 자서하고 날인함.
녹음에 의한 유언	본인이 구술하고 참여한 증인도 그 성명을 구술하여야 함.
공정증서에 의한 유언	구술 내용을 공증인이 기록하여 증인 2인과 기명날인함.
비밀증서에 의한 유언	봉인된 유서를 5일내 공증인 또는 법원서기에게 제출하여 확정일자인을 받아야 함.
구수증서에 의한 유언	사망에 이르렀을 때 사망하기 전에 구두로 말한 것을 적은 다음 2인 이상의 증인이 기명날인후 7일 내 법원에 검인을 신청해야함.

▶ [예규 판례. 재산세과-294 (2010.05.13)]

Q. 부담부유증을 받은 경우의 상속세 납부 의무

A. 피상속인의 재산을 상속받은 상속인과 민법상 적법한 유언 절차 등에 의한 유언이나 사인증여에 의하여 상속재산을 취득한 자는 「상속세 및 증여세법」 제1조 및 제3조의 규정에 의하여 상속세를 납부해야 하는 것이며, 이 경우 상속재산에 대하여 별도의 증여세를 과세하는 것은 아니다.

상속세 상담을 하러 온 김 과장은 아버지가 생전에 이뤄 놓은 많은 자산에 대하여 상속세 대비를 위해 예금 인출도 해 놓았으며, 재산도 처분하여 현금화하였고 상속세 신고 전 현금을 본인 앞으로 이체해 놓았다고 자신 있게 말한다. 하지만 모든 재산이 상속재산에 포함될 거라는 이야기를 들은 김 과장은 실망을 감추지 못했다.

돌아가시기 전에 부모님 재산을
처분하면 상속세가 줄어들까?

김 과장 사례처럼 아버지가 돌아가시기 전에 부동산이나 주식을 팔고 계좌에서 현금을 인출하면 상속재산이 없는 것처럼 보일 수 있다. 아버지 명의로 은행에서 대출을 하고 현금을 인출해도 마찬가지이다.

이런 변칙 상속 행위를 막기 위하여 피상속인이 상속개시 전 1년 이내 2억 원, 2년 이내 5억 원 이상의 재산을 처분하거나 예금을 인출하거나, 또는 채무를 부담한 경우 상속인이 그 사용처를 입증하지 못하면 상속재산에 포함하는데 추정상속재산이라고 한다. 재산의 종류별로 집계하는데 현금, 예금 및 유가증권, 부동산 및 부동산에 관한 권리, 그 외의 기타 재산 등 3종류로 나눈다. 보통은 예금 인출액과 부동산 처분액 중 사용처가 확실치 않은 경우가 자주 발생한다.

예를 들어, 상속개시일이 2021년 5월 5일인 경우 1년이 되는 날은 2020년 5월 5일부터이다. 이 기간에 사용처가 불분명한 금액 중 예금 인출액이 1억 5천만 원이고 부동산 처분이 1억 5천만 원이라면 재산 종류별 2억 원 미만이라 소명 대상이 아니다.

한편, 피상속인의 부담 채무가 상속개시일 1년 이내 2억 원, 2년 이내 5억 원 이상이면서 용도가 불분명한 경우 추정상속재산으로 본다. 돌아가신 아버지가 2억 원을 은행에서 1년 전에 빌렸는데 2억 원이 사용처가 불분명하다면 현금 2억 원은 상속재산에 포함되지 않고 채무로 2억 원만 공제되기 때문이다. (즉, 상속재산을 집계할 때 재산에서 부채를 빼주는데 현금 인출을 하면 재산은 없고 부채만 남아서 그만큼 상속재산이 줄어 들기 때문이다.)

만일 금융기관이 아닌 사적인 채무라면 상속인이 변제할 의무가 없는 것으로 추정되는 경우에는 기간과 관계없이 상속세 과세가액에 포함한다.

하지만 상속세 신고를 할 때는 추정상속재산을 철저하게 파악하여 신고하는 것이 현실적으로 불가능하다. 보통은 상속세 세무조사를 할 때 국세청에서 요구하는 금융계좌내역을 하나씩 따져 가면서 소명을 하게 된다.

재산 처분 금액, 인출 금액, 채무부담에 대하여 입증이 되지 않으면 상속받은 것으로 추정하지만, 실무적으로 100% 소명하는 게 어렵다. 돌아가신 부모님이 왜 인출을 했는지 알 수가 없기 때문이다. 따라서 소명이 안된 현금 인출액이나 재산처분액, 부채 부담액 각각에서 재산 종류별로 금액의 20%와 2억 원 중 적은 금액은 소명에서 제외한다. 즉, 추정상속재산에서 제외한다.

8년 전에 주택을 구입하면서 아버지에게 도움을 받았다. 당시 세금에 대해서 잘 아는 사람 말이 10년 동안 신고 안 하면 증여세가 없을 거라고 해서 신고를 하지는 않았다. 얼마 전에 아버지가 돌아가셨는데 상속세 세무 조사를 받으면서 증여세 신고를 하라는 얘기를 들었다. 8년 전에 증여세 신고를 안 한 것이 맞는 선택인지 모르겠다.

국세청이 상속세나 증여세를 부과할 수 있는 기간이 10년이라는데, 정말 안 내는 걸까?

4-5. ◀ SOLUTION

세법에는 국세 부과의 제척기간이라는 규정이 있다. 국세 부과 제척기간은 국세를 부과할 수 있는 기간이다. 국세를 부과한다는 기간이 일정한 시간이 지나면 소멸한다는 의미이다.

일반적으로 5년이고, 무신고일 때 7년, 납세자가 사기나 그 밖의 부정한 행위로 국세를 포탈하거나 환급, 공제를 받은 경우에는 10년, 역외거래에서 부정행위로 국세를 포탈하거나 환급, 공제받은 경우 15년을 적용한다.

상속세 및 증여세의 부과 제척기간은 국세를 부과할 수 있는 날부터 10년이다. 이 규정 때문에 많은 사람들이 상속세 및 증여세 신고 기한으로부터 10년이 지나면 더 이상 세금이 나오지 않을 것으로 생각하면서 10년만 잘 숨기면 된다는 착각을 한다.

하지만, 아래 내용에 따라 부과제척기간은 달리 적용될 수 있으며 해당 기간에 과세할 수 있다. 우선 아래처럼 부과제척기간이 15년인 경우가 있다.

1. 납세자가 부정행위로 상속세 및 증여세를 포탈하거나 환급, 공제받은 경우
2. 상속세 및 증여세 신고서를 제출하지 아니한 경우
3. 거짓 신고 또는 누락 신고를 한 경우

▶ 상속세 신고는 6개월짜리 장기 레이스임을 알고 신고하자.

다음은 부정행위로 상속세 및 증여세를 포탈하는 경우로 다음 각 호의 어느 하나라도 해당하는 경우 상속 또는 증여가 있음을 안 날부터 1년 이내에 부과할 수 있고 이는 제척기간과 관계없이 언제든지 부과가 가능한 것이다.

1. 제3자의 명의로 되어 있는 피상속인 또는 증여자의 재산을 상속인이나 수증자가 취득한 경우

2. 계약에 따라 피상속인이 취득할 재산이 계약이행 기간에 상속이 개시됨으로써 등기, 등록 또는 명의개서가 이루어지지 아니하고 상속인이 취득한 경우

3. 국외에 있는 상속재산이나 증여재산을 상속인이나 수증자가 취득한 경우

4. 등기, 등록 또는 명의개서가 필요하지 아니한 유가증권, 서화, 골동품 등 상속재산 또는 증여재산을 상속인이나 수증자가 취득한 경우

5. 수증자의 명의로 되어 있는 증여자의 금융실명거래 및 비밀보장에 관한 법률 제2조 제2호에 따른 금융자산을 수증자가 보유하고 있거나 사용 수익한 경우

6. 상속세 및 증여세법 제3조 제2호에 따른 비거주자인 피상속인의 국내 재산을 상속인이 취득한 경우

7. 상속세 및 증여세법 제45조의2에 따른 명의 신탁재산의 증여의제에 해당하는 경우

8. 상속재산 또는 증여재산인 특정 금융거래 정보의 보고 및 이용 등에 관한 법률에 따른 가상자산을 같은 법에 따른 가상자산사업자를 통하지 아니하고 상속인이나 수증자가 취득한 경우

4-5. ◀ SOLUTION

끝으로 세무조사가 끝나고 상속재산 가액이 30억 원 이상인 경우 자금 출처가 명확하지 않은 재산이 증가한 경우 다시 조사할 수도 있다. 이런 사후관리는 주로 금융 재산 조회나 종합소득세, 재산세 등 납부 실적을 토대로 자료 수집을 하고 있다.

▶ 상속세 신고는 6개월짜리 장기 레이스임을 알고 신고하자.

MEMO. ▶

돌아가시기 전에 부모님 재산을 처분하면 상속세가 줄어들까?
국세청이 상속세나 증여세를 부과할 수 있는 기간이 10년이라는데, 정말 안 내는 걸까? ◀
유류분 반환청구, 상속받지 못한 상속인의 마지막 수단이 될 수 있을까?

학원을 운영 중인 김 원장은 평소 아버지와 사이가 좋지 않았다. 얼마 전에 어머니로부터 아버지의 사망 소식을 들었다. 아버지는 김 원장 외에 다른 자녀들에게 생전에 재산을 증여해 왔는데 상속재산에 대한 유언 역시 본인은 포함되지 않아 실망감을 감추지 못했다.

유류분 반환청구, 상속받지 못한 상속인의
마지막 수단이 될 수 있을까?

4-6. ◀ SOLUTION

최근 상속세 신고가 증가하는 만큼 유류분 반환청구 소송에 대한 문의도 늘고 있다. 유류분이란 아래 표처럼 상속받지 못한 상속인이 청구할 수 있는 최소한의 상속재산 지분을 말한다. 피상속인의 형제자매에 관련된 유류분은 2024년 4월 25일 헌법에 위반된다는 판결(2020헌가4, 2024.04.25)이 나왔으며, 나머지 직계비속, 배우자, 직계존속 관련 부분은 헌법에 합치되지는 않으나 2025년 말까지 개정될 때까지 계속 적용 예정이다.

피상속인이 생전에 증여나 유언에 의한 증여로 특정 상속인에게만 증여 또는 유증을 하거나, 사회에 기부하는 등의 경우로 상속받지 못한 상속인이 소송을 통해 받을 수 있는 최소한의 상속재산이라고 볼 수 있다.

유류분 청구는 상속개시일로부터 효력이 생기고 청구 대상은 유류분 이상을 상속 혹은 증여받은 사람이다. 실무적으로 기간 산정이 복잡하기 때문에 사망개시일 후 1년 안에 소송을 청구하는 것이 일반적이다.

반환의 대상은 피상속인이 생전에 증여한 재산과 유언으로 유증한 재산인데 우선 유언으로 유증을 받은 자를 상대로 반환을 청구해야 한다. 그럼에도 부족액이 있다면 증여를 받은 자를 상대로 반환을 청구해야 한다. 따라서 피상속인이 특정 상속인에게 물려주고 싶은 자산이 있다면 유증보다는 생전에 증여하는 것이 반환 대상 후순위로 유리할 수 있다.

▶ 상속세 신고는 6개월짜리 장기 레이스임을 알고 신고하자.

유류분 반환 과정에서 원래 재산을 그대로 반환하기에 어려움이 많아 현금 및 다른 재산과 교환으로 이루어지곤 한다. 이때 현금으로 반환되면 이를 양도로 보아 양도소득세가 발생한다.

또한 시가보다 저가로 반환이 된다면 부당행위계산 규정이 적용되어 시가를 양도가액으로 결정한다. 유류분 권리자를 양도소득세 납세의무자로 보고 상속개시일을 취득시기로 본다.

[표26. 유류분의 권리자와 유류분]

유류분 권리자의 유류분	
피상속인의 직계비속	법정상속분의 2분의1
피상속인의 배우자	법적상속분의 2분의1
피상속인의 직계존속	법적상속분의 3분의1
피상속인의 형제자매	법적상속분의 3분의1

▶ [예규 판례. 상속증여세과 664 (2020.09.07)]

Q. 유류분 반환 소송에 따른 상속세 신고 시 신고불성실가산세 및 연대납세의무 발생 여부

A. 납세자가 법원의 확정판결에 따라 유류분으로 반환받은 상속재산에 대한 상속 세액을 6개월 이내에 신고·납부하는 경우에는 무신고·과소신고가산세 또는 납부불성실가산세가 적용되지 아니한 것이며, 상속세는 상속인 또는 수유자 각자가 받았거나 받을 재산을 한도로 연대하여 납부할 의무를 지는 것임.

▶ [예규 판례. 상속증여세과 664 (2020.09.07)]

Q. 피상속인의 유류분 권리를 상속인이 금전으로 반환받은 경우 상속받아 양도한 것으로 보아 상속세 및 양도소득세를 부과함은 정당함

A. 증여받은 재산을 금전으로 환가하여 유류분 권리자에게 반환하는 경우에는 유류분 권리자는 당해 재산을 상속받아 양도한 것으로 보아 각각 상속세와 양도세 납부 의무가 있고, 쟁점 부동산의 부동산 처분금지가처분을 말소 등기한 것으로 보아 쟁점 현금은 유류분 반환 대가인 것으로 보이므로 처분청의 과세는 잘못이 없음.

▶ 상속세 신고는 6개월짜리 장기 레이스임을 알고 신고하자.

MEMO. ▶

국세청이 상속세나 증여세를 부과할 수 있는 기간이 10년이라는데, 정말 안 내는 걸까?
유류분 반환청구, 상속받지 못한 상속인의 마지막 수단이 될 수 있을까? ◀
상속 재산을 포기하면 상속세를 안 내도 될까?

김 대리의 어린 시절 해외 건설 현장으로 떠난 아버지가 사망했다는 소식을 들었다. 그와 함께 아버지 소유의 주택과 부채 역시 알게 되었다. 재산보다 빚이 많은 경우라 어떻게 해야 하나 당황스럽다.

상속 재산을 포기하면 상속세를 안 내도 될까?

4-7. ◀ SOLUTION

피상속인의 재산보다 채무가 많은 경우 이를 상속받으면 상속인은 득보다 실이 더 많기 때문에 상속 포기 제도를 통해 상속받지 않는 것이 유리할 수 있다. 하지만 숨겨진 재산이 있을 수 있기 때문에 신중히 진행해야 한다.

민법상 상속을 포기하려면 상속개시가 있음을 안 날로부터 3월 내에 가정법원에 신고하여야 한다. 상속 포기는 상속 개시일부터 상속인이 아닌 것으로 보아 상속재산을 받지 아니하고, 피상속인이 채무가 있을지라도 이를 승계 받지 않을 수 있다.

공동상속인이 있는 경우 각각 상속을 포기해야 하기 때문에 상속재산은 다른 상속인들에게 비율대로 귀속된다. 상속포기 취소는 금지하고 있지만 만일 착오, 사기, 강박에 의한 것이면 취소가 가능하다.

상속 포기를 했다고 하여 무조건 상속세 신고납부 의무가 없는 것이 아니다. 예를 들어, 상속개시일 전 10년 이내에 피상속인으로부터 증여받은 재산이 상속재산에 가산되었거나, 추정상속재산이 있는 경우에는 소명이 안된 금액 있으면 법정상속 지분 비율대로 나눠 상속받는 것으로 보며 이때 상속 포기자도 상속인에 포함된다.

상속 포기와 유사한 것으로 한정승인이 있다. 한정승인은 상속인이 상속으로 취득할 재산의 한도에서 피상속인의 채무와 유증을 변제할 것을 조건으로 상속 승인을 하는 것이다. 상속채무가 상속재산보다 많다고 하더라도 본인의 재산으로 갚을 필요가 없는 것이다.

▶ 상속세 신고는 6개월짜리 장기 레이스임을 알고 신고하자.

하지만, 한정승인의 경우 상속재산이 경매로 넘어가 매각되어 채무를 변제하는 과정에서 양도소득세가 과세될 수 있다. 경락대금(낙찰 받은 자가 낸 돈)이 상속인들에게 배당되지 않았을지라도 상속채무의 소멸이라는 경제적 효과를 얻었기에 양도차익에 대한 과세가 있는 것이다.

▶ [예규 판례. 제도 46014-12214 (2001.07.18)]

Q. 피상속인에게 지급될 퇴직금을 포기한 경우 퇴직금의 상속재산 포함 여부

A. 상속재산에는 피상속인에게 귀속되는 금전으로 환가할 수 있는 경제적 가치가 있는 모든 물건과 재산적 가치가 있는 법률상 또는 사실상의 모든 권리를 포함하는 것으로서, 피상속인의 사망으로 인하여 피상속인에게 지급될 퇴직금을 수령할 권리가 있는 상속인이 그 권리를 포기한 경우, 상속인이 당해 퇴직금을 상속받아 퇴직금 지급 의무자에게 증여한 것으로 보는 것임.

[기본편]

솔루션 5.

▲

상속세 납부를 위해 미리 준비해야 하는 포인트가 있을까?

▼

올해로 40대 중반인 박 사장은 10년 넘게 개발하던 자동차 부품이 안정적으로 생산이 되자 자금에 여유가 생겼다. 부동산과 금융자산 등 투자에 대한 조언을 구하던 중에 은행담당자가 권유하는 저축성보험에 가입하게 되었는데 종신보험도 필요할 거라는 얘기를 들었다.

종신보험을 상속세 재원 마련을 위해
어떻게 활용할 수 있을까?

5-1. ◀ SOLUTION

상속재산이 아무리 많더라도 대부분이 부동산이라 현금이 부족하면 상속세를 납부하기 위해 상속인들이 상속받은 부동산을 급하게 처분해야 할 수도 있기 때문에 상속세를 납부할 재원으로 종신보험을 활용할 수 있다.

종신보험이란 피보험자가 사망했을 때 보험금을 지급해 주는 보험 상품이다. 일반적으로 피보험자 및 계약자는 피상속인(사망한 본인)이고 수익자는 상속인(배우자 또는 자녀)으로 계약하는 경우가 많다. 즉, 돌아가신 아버지(피상속인)가 계약자 본인이고 본인 계좌에서 매달 보험료 냈다면 상속인이 받을 보험금을 상속재산에 포함하여 금융자산으로 신고한다.

한편 계약자가 배우자나 자녀이고 보험료도 내고 있었다면 보험금을 받아도 상속재산에 포함되지 않는다. 이는 배우자나 자녀의 금융상품이기 때문이다.

그러나 실제는 피상속인이 보험료를 납입하면서 자녀가 보험료를 납부하는 것으로 위장하는 경우가 자주 있기 때문에 국세청에서는 명의만 배우자나 자녀일 뿐 실질적으로 아버지가 보험료를 부담했는지 통장 이체 내역으로 밝히고 있다. 이는 탈세로 상속세 조사를 통해 사실이 밝혀지면 상속재산에 포함되며 가산세를 더하여 큰 부담이 될 수 있다. 따라서 절세를 위해서는 배우자나 자녀를 보험 계약자로 할 때, 소득이 있어 보험료 납입 능력이 있는 배우자나 자녀로 지정하여 계획을 세우면 좋다.

▶ 상속세 납부를 위해 미리 준비해야 하는 포인트가 있을까?

피보험자를 피상속인, 보험계약자와 보험금 수령인을 자녀로 하여 자녀가 보험료를 전부 납입하여 보험금을 수령한다면 이는 상속재산에 포함되지 않아 다른 상속재산의 상속세 재원으로 확보할 수 있다.

▶ [예규 판례. 재삼 46014-1573 (1999.08.19)]

Q. 피상속인의 사망으로 인하여 지급받는 생명보험·손해보험 보험금의 과세여부

A. 피상속인의 사망으로 인하여 지급받는 생명보험 또는 손해보험의 보험금으로서 피상속인이 보험계약자(피상속인이 실질적으로 보험료를 지불한 경우 포함)가 된 보험계약에 의하여 지급받는 보험금은 상속재산으로 보는 것이며, 자녀가 보험계약자로서 실질적으로 보험료를 지불한 경우 상속재산으로 보지 아니하는 것임.

▶ [예규 판례. 서면 인터넷 방문 상담4팀-232 (2008.01.25)]

Q. 불입자와 수취인이 다른 보험금은 증여에 해당함

A. 「상속세 및 증여세법」 제8조의 규정에 의하여 피상속인의 사망으로 인하여 지급받은 생명보험 또는 손해보험의 보험금으로서 피상속인이 보험계약자가 되거나 보험료를 실질적으로 불입한 경우 지급받는 보험금은 이를 피상속인의 상속재산으로 보는 것이며, 생명보험 또는 손해보험에 있어서 보험금 수취인과 보험료 불입자가 다른 경우에는 같은 법 제34조 규정에 의하여 보험사고가 발생한 때에 보험료 불입자가 보험금 상당액을 보험금 수취인에게 증여한 것으로 보는 것으로서, 귀 질의의 경우는 보험료 불입자가 보험금 상당액을 보험금 수취인에게 증여한 것으로 보는 것임.

MEMO. ▶

종신보험을 상속세 재원 마련을 위해 어떻게 활용할 수 있을까? ◀
세금을 주식이나 부동산으로 대신 내도 될까?

아버지가 물려주신 건물 일부에서 법인을 운영하는 강 사장은 아버지가 돌아가신 후 어머니께 아버지 건물을 배분해서 배우자 공제를 최대로 받고 대출을 해서 상속세를 겨우 낼 수 있었다. 그러나 만일 어머니가 돌아가시면 상속세 낼 재원이 없어 걱정이다. 어머니 소유 상속재산이 건물이나 시골 땅, 강 사장의 법인 주식이기 때문이다. 건물이나 시골 땅으로 상속세 물납을 하려고 했는데 주변에 물어보니 그 요건이 까다롭다고 한다.

세금을 주식이나 부동산으로 대신 내도 될까?

모든 세금은 현금으로 내야 하지만 상속세의 경우에만 현금 대신 물납을 허용하는데 그 요건과 절차가 까다롭고 한도도 엄격하게 정해져 있다.

납부액이 2천만 원을 초과하면서 현금성 자산이 없을 때 상속세 물납신청 기한 내 물납신청서 제출 (신고시 법정신고 기한까지, 고지시 고지서의 납부 기한까지)하는 것이 요건이다.

구체적으로는 사전증여 재산을 포함한 상속재산 중 부동산과 유가증권의 가액(비상장주식등 제외)이 2분의 1 초과하는 경우와 상속세 납부세액이 상속재산 가액 중 금융재산 가액 초과하는 경우 한도는 납부할 상속세 중 상속재산 가액에서 허가받은 부동산과 유가증권의 비율만큼만 가능하다.

물납이 가능한 부동산은 국내 소재 부동산이며, 유가증권도 국공채, 국내 법인 채권 등을 의미한다. 거래가 제한된 상장주식은 현금화가 어렵기 때문에 물납한도 금액 계산 시 차감하지 않는다. 비상장주식과 상속인 거주 주택 이외 다른 상속재산이 없으면 최후로 비상장주식 물납도 가능하다. 더불어 2023년부터 미술품 물납이 허용되었는데 위의 요건을 충족하면서 문화체육부의 평가를 거쳐 허가를 받아야 하고 한도는 납부세액 중 미술품 해당 비율만큼이다.

▶ 상속세 납부를 위해 미리 준비해야 하는 포인트가 있을까?

또한 물납에 충당하는 재산에는 순서가 정해져 있다. 국채 및 공채, 물납 충당이 가능한 한국거래소에 상장된 유가증권, 거주 주택을 제외한 국내 소재 부동산, 유가증권(국채 및 공채, 상장주식 제외), 물납충당이 가능한 비상장주식, 상속개시일 현재 상속인이 거주하는 주택 및 부수 토지 등의 순서이다.

[표27. 물납 한도 계산식]

| 물납한도금액 = MIN(①,②) |

① 납부세액 × (부동산, 유가증권가액 - 관리처분이 부적당한 재산가액) / 상속재산가액 (상속재산에 가산하는 상속인 및 수유자가 받은 사전증여재산 포함)

② 상속세 납부세액 - 순금융재산가액 - 상장유가증권가액 (처분제한 주식 등 제외)

강남에서 치과를 운영하는 오 원장은 최근 아버지가 중환자실에 계셔서 마음이 무겁다. 20년 전 은퇴하신 아버지는 예전에 강남에 마련한 아파트에서 연금으로 살아오셨다. 예·적금이 거의 없기 때문에 당장 상속세도 걱정이다. 그러던 중 나눠서 낼 수도 있다는 얘기를 듣고 알아보는 중이다.

당장 증여세나 상속세를 낼 수 없을 때
나눠서 낼 수 있을까?

5-3. ◀ SOLUTION

갑작스러운 상속이나 오랜 기간 준비 없는 증여로 인해 세금 납부 재원이 마련되지 않아 한 번에 납부가 어려운 상황이 발생할 수 있다. 이런 경우 2회에 걸쳐 분할해서 내는 분납이나 담보를 국세청에 제공하고 장기간에 나누어 낼 수 있는 연부연납 제도가 마련되어 있다.

먼저 분납을 살펴보면, 세액을 2개월 동안 2번에 걸쳐 납부하는 것을 하는데 이때 납부할 세액이 1회당 1천만 원을 초과해야 가능하다.

[표28. 분납할 세액]

납부할 세액	분납할 세액
1천만원 초과 ~ 2천만원 이하	1천만원 초과하는 금액
2천만원 초과	세액의 100분의 50

▶ 상속세 납부를 위해 미리 준비해야 하는 포인트가 있을까?

분할납부를 활용하면 분납할 세액에 대하여 2개월의 기간을 벌 수 있어 그동안 나머지 납부 금액 재원을 마련할 수 있다. 재원이 충분할지라도 분납기간 이자 부담이 없기에 예금 등을 통하여 분할납부를 활용하는 것이 경제적으로 유리하다.

예를 들어, 납부할 세액이 1천 5백만 원인 경우 1천만 원을 납부하고 2개월 후 나머지 5백만 원을 납부하는 것이다. 납부할 세액이 3천만 원 이면 절반인 1천 5백만 원을 납부하고 2개월 후 나머지 절반인 1천 5백만 원을 납부하는 것이다.

연부연납은 일반적으로 증여세는 5년, 상속세는 10년까지 장기간 나누어 낼 수 있다. 납부세액이 2천만 원을 초과해야 신청할 수 있고 담보 제공과 이자 성격의 가산금이 가산되는 점이 분할납부와 다르다.

5-3. SOLUTION

[표29. 연부연납 기간]

구 분	연부연납기간
가업상속공제 등을 받은 경우 or 중소 중견기업 상속으로 받은 재산 등	연부연납 허가일부터 20년 or 연부연납 허가일부터 10년이 되는 날부터 10년
그밖의 상속재산	연부연납 허가일부터 10년
과세특례 적용받은 증여재산	연부연납 허가일부터 15년
그 밖의 증여재산	연부연납 허가일부터 5년

신고 시 연부연납 신청서를 함께 제출해야 하며 기한을 준수해야 한다. 법정신고기한 내 및 수정신고·기한 후 신고를 하는 경우에는 그 기한 이내 함께 제출되어야 하고, 결정통지 납부고지서나 연대납세의무자가 받은 납부통지서는 적힌 납부기한이내 제출되어야 한다.

연부연납을 신청하면 상속세는 9개월 이내, 증여세는 6개월 이내에 세무서에서 연락이 온다. 담보로 제공할 부동산에 국세청 명의로 근저당권을 설정하게 되는 것이다. 보통 상속은 10년 납부이기 때문에 사망 후 6개월 이내(상속세 신고납부기한)에, 나머지 10년

▶ 상속세 납부를 위해 미리 준비해야 하는 포인트가 있을까?

동안 남은 잔액에 대해서 연3.5%(2024년 현재)의 이자를 내면서 10회 납부를 하기 때문에 결국 11회차, 10년 납부인 셈이다.

신청을 하면 세무서에서 법정신고기한 경과한 날부터(수정신고·기한 후 신고의 경우 신고한 날이 속하는 달의 말일부터) 9개월(증여의 경우 6개월), 납부고지서나 통지서의 경우 그 납부 기한 경과한 날로부터 14일 이내 허가 여부를 결정 통지해 줘야 한다. 그 기한까지 허가 여부에 대하여 서면 발송하지 않으면 허가한 것으로 본다.

신청 시 제공하는 담보로 그 납세담보가 신청한 연부연납 세액에 부족한 경우에는 제공된 담보 가액에 상당하는 범위 내에서 허가를 받을 수 있으며 금전, 국채증권, 납세보증보험증권, 납세보증서를 제공하여 신청하는 경우에는 그 신청일에 바로 허가받은 것으로 보고 있다.

연부연납에는 3.5%에 가산금 이자율을 적용하여 각 회분 납부세액에 가산한 납부해야 하지만 연부연납을 활용한다면 현금성 재원이 없어 고가의 부동산 등의 재산을 성급히 낮은 가액에 처리하지 않을 수 있고 시간을 두고 여유롭게 상속세 및 증여세 납부계획을 세울 수 있는 장점이 있다.

지자체 공무원인 김 과장은 2년 전 아버지가 암 수술을 받고 나서 아버지 소유의 아파트를 팔려고 했지만 계속 가격이 오르는 것 같아 결정을 못 했다. 그러다 갑자기 아버지가 돌아가셨는데 아버지 소유였던 아파트 때문에 상속세가 나올 거라고 한다. 상속세가 부담이 되어 아파트를 급히 내놓았는데 부동산에서는 등기 후 취득세부터 내고 팔아야 한다고 하여 당황스럽다.

등기가 안된 상속받은 부동산을 매매할 수 있을까?

5-4. ◀ SOLUTION

피상속인의 사망으로 상속이 개시되면 그때부터 피상속인의 재산을 상속받는 상속인들에게 재산에 관한 포괄적 권리 의무가 승계된다. 따라서 소유권 이전 등기를 하지 않더라도 실질적인 소유권은 상속인에게 있는 것이지만 다만 상속인 명의로 등기를 이전해야 처분이 가능하다.

배우자공제를 받기 위해서라도 등기를 해야 한다. 예를 들어, 배우자공제는 최대 30억 원까지 공제 적용이 가능한데 배우자공제 대상 재산이 부동산이라면 배우자에게 상속이 된 것을 확인하기 위해서 부동산 등기를 꼭 해야 한다. 상속세 과세표준 신고 기한의 다음 날부터 9개월이 되는 날까지 배우자 명의로 등기를 이전해야 한다.

하지만 다음 부득이한 사유에 해당하고 기한 내 그 사유를 관할세무서장에게 신고한다면 6개월을 연장할 수 있다.

▶ 상속세 납부를 위해 미리 준비해야 하는 포인트가 있을까?

[표30. 등기가 연장되는 부득이한 사유]

부득이한 사유.
상속인등이 상속재산에 대하여 상속회복청구의 소를 제기하는 경우.
상속인들이 상속재산에 대하여 상속재산 분할의 심판을 청구하는 경우.
상속인이 확정되지 아니하는 사유 등으로 분할하지 못한 사실을 관할세무서장이 인정하는 경우.

즉, 배우자공제를 최대로 활용하여 상속세 절세 계획을 세웠어도 배우자 명의로 상속등기를 하지 않았다면 배우자공제는 취소되어 향후 가산세와 함께 상속세가 부과될 수 있다.

한편, 상속재산을 나누어 가지면서 상속등기로 각자 상속분이 확정된 후에 다시 한번 공동상속인들이 재분할하여 당초 상속분을 초과하여 취득한다면 그 초과부분을 상속분이 감소한 상속인으로부터 증여받은 것으로 본다. 하지만 다음의 경우에는 증여세를 부과하지 않는다.

재분할로 증여세를 과세한다면 추후 양도할 때 취득한 시점을 상속개시일이 아니라 재분할에 따른 등기접수일로 본다. 부동산을 상속받는 경우에는 처음부터 등기를 언제 누구 명의로 할지 꼼꼼히 체크해야 한다.

[표31. 등기 후 재분할 시 증여세가 부과되지 않는 경우]

증여세가 부과되지 않는 경우.
상속세 과세표준 신고기한 내 재분할의 경우.
상속회복청구의 소에 의한 법원 확정판결로 상속인, 상속재산 변동 있는 경우.
민법에 따라 채권자대위권의 행사에 의해 공동상속인 법정상속분으로 등기한 재산을 상속인 사이 협의분할로 재분할 하는경우.
상속세 신고기한내에 물납하기 위하여 법정상속분으로 등기 등을 하여 신청하였다가 허가 받지 못하거나 변경명령으로 당초 물납재산 재분할 하는 경우.

중소기업에 다니는 김 부장은 올해로 90세를 넘긴 아버지가 새어머니와 재혼하면서 10년 넘게 연락을 끊고 살았는데 아버지의 부고를 듣게 되었다. 새어머니는 혼인신고를 안 했다. 다만, 새어머니가 아버지와 결혼 후 낳은 배다른 동생이 상속세 신고를 알아서 하겠다는데 재혼 전 돌아가신 어머니가 아껴서 모은 재산인지라 황당하기 그지없다. 새어머니가 상속을 못 받게 할 방법은 없는지 변호사 사무실을 찾았다.

혼인신고와 이혼은 상속세에 영향을 줄까?

우리나라 혼인 형태에는 혼인신고로 형식적 요건과 실질적 요건을 모두 갖추어 인정되는 법률혼과 혼인신고라는 형식적 요건을 제외한 실질적 요건만 갖춘 사실혼으로 나눌 수 있다. 결론부터 말하자면, 우리나라 상속세는 법률혼만 인정한다.

그 형태에 따라서 적용되는 상속공제와 범위가 서로 다르기에 세금 신고를 하는 경우 주의 깊게 살펴보고 현재 상황에 맞는 계획을 세워야 한다. 또한 이혼하는 경우에도 이전 배우자로서 어느 범위까지 해당하며 공제 등이 적용되는지 알고 있어야 향후에 피해가 없도록 사전에 준비를 마칠 수 있을 것이다.

상속세 과세가액에서 공제되는 배우자상속공제에서 배우자는 민법상 혼인으로 인정되는 혼인 관계에 의한 배우자로서 형식적 요건을 갖춘 법률혼 배우자를 의미한다. 때문에 사실혼 관계의 배우자나 이혼한 배우자는 배우자상속공제를 적용 받을 수 없다. 극단적인 예로 이혼 조정이 성립한 당일에 배우자가 사망하는 경우 배우자공제 적용이 불가능하다.

사실혼 관계는 원천적으로 친족관계도 아니고 법률상 배우자만 인정하기 때문에 상속권과 더불어 그에 따른 유류분 청구 자격도 없다. 그러나 사실혼 관계에서 태어난 자녀들은 상속인으로 본다.

▶ 상속세 납부를 위해 미리 준비해야 하는 포인트가 있을까?

다만, 사실혼 관계에 있는 배우자가 상속재산을 취득할 수 있는 경우는 피상속인 사망 당시 다른 상속인이 없어 차순위로서 특별연고자에 해당되면 가정법원에 상속재산을 나눠 줄 것(분여)을 청구할 수 있다. 또는 유언을 통해 상속인으로 지정을 받을 수 있다.

중견기업을 다니고 있는 최 과장은 하나뿐인 동생이 안타깝게도 몇 해 전에 갑자기 사고로 사망했다. 얼마 전에는 아버지가 돌아가셨는데 사망한 남동생 대신 제수씨와 조카들이 상속을 받는다고 한다. 본인도 자녀가 둘인데 우리 애들도 아버지 재산을 받을 수 있을지 궁금하다.

상속인인 자녀 대신 손자에게 상속하려면
어떻게 해야 할까?

사례에서 최 과장의 남동생처럼 아들이 먼저 사망하여 며느리나 손주가 상속하게 된 경우를 대습상속이라고 한다. 대습상속인이란 상속인이 될 직계비속 또는 형제자매(피대습인)가 상속개시 전에 사망하거나 결격자가 된 경우 대신해서 상속인이 되는 피대습인의 직계비속 또는 배우자이다.

반면, 상속인인 최 과장이 생존해 있는데 최 과장의 자녀들이 할아버지의 재산을 상속받으려면 할아버지가 생전에 유증(유언)을 통해 손주를 상속인으로 지정해야만 한다. 이를 세대를 건너뛴 상속이라고 한다.

대습상속인 경우에는 일부러 세대를 건너 뛰어 상속하는 것이 아니므로 손주에 대해 할증과세를 적용하지 않는다. 반면, 최 과장 사례처럼 자녀가 생존해 있는데 손자녀에게 상속한 경우인 세대를 건너뛴 상속의 경우에는 할증과세가 적용된다.

즉, 할증과세란 피상속인의 자녀를 제외한 직계비속이 상속재산을 받는 경우 상속세 산출 세액에 그 상속인이 받을 재산이 차지하는 비율을 곱하여 계산한 금액에 100분의 30에 상당하는 금액을 가산한다. (30% 할증) 다만, 그 대상이 미성년자인 경우 받을 상속재산의 가액이 20억 원을 넘는다면 100분의 40에 상당하는 금액을 가산한다. (40% 할증)

참고로 표처럼 세대를 건너뛴 상속은 상속공제액의 한도액에 영향을 줄 수 있다. 세대를 건너뛴 상속만큼 한도액 계산할 때 차감이 되어 상속세 부담이 증가할 수 있기 때문이다.

따라서 세대 생략 상속은 전체적인 상속재산 규모와 향후 재산 운영 방향을 검토하여 신중하게 계획하여 실행할 문제이다. 예를 들어서 상속세가 나오지 않는다면 세대 생략 상속을 하더라도 할증이 되지 않기 때문에 손자녀 상속을 고려해 볼 만하다.

[표32. 상속공제 한도액]

상속세 과세가액
 - 1. 선순위인 상속인 아닌 자에게 유증 또는 사인증여한 재산가액
 - 2. 선순위인 상속인의 상속포기로 그 다음 순위의 상속인이 상속받은 재산가액
 - 3. 사전 증여재산가액 (증여재산공제 및 재해손실공제액 차감한 금액)

= 상속공제액의 한도액

▶ [예규 판례. 상속증여세과-1016 (2016.09.20)]

Q. 세대를 건너뛴 상속에 대한 할증과세시 상속재산의 범위

A. 세대를 건너뛴 상속에 대한 할증과세시 상속재산은 상속세 과세가액 상당액을 말하며, 상속재산에 가산한 증여재산 중 상속인 또는 수유자가 아닌 자가 받은 증여재산을 상속세 과세가액에서 차감함.

▶ [예규 판례. 재산세과-149 (2010.03.10)]

Q. 상속세 납부 의무 및 세대 생략 상속에 대한 할증과세 여부

A. 사전증여 재산만 있고 상속받은 재산이 없는 상속인 외의 자는 상속세 납부의무가 없으며, 이 경우 상속세 세대 생략 할증과세는 적용하지 않고, 증여세액공제는 당초 증여당시의 산출 세액에 의함.

▶ 상속세 납부를 위해 미리 준비해야 하는 포인트가 있을까?

▶ [예규 판례. 심사-상속-2020-0003 (2020.03.11)]

Q. 대습상속인인 며느리가 상속받은 주택은 동거주택 상속공제 대상이 아님

A. 대습상속인인 며느리가 무주택자로서 피상속인을 10년 이상 계속하여 동거봉양하였다 하더라도 동거주택 상속공제의 상속인의 범위를 직계비속으로 한정하고 있어 며느리가 상속받은 주택은 동거주택 상속공제 대상이 아님.

연구소에 다니는 나 팀장의 아버지는 작년 10월 지병으로 돌아가시면서 37억의 유산과 2억의 빚을 남기셨다. 그런데 올해 초 갑작스럽게 어머니마저 돌아가셨다. 아버지 상속세 신고는 배우자공제를 활용하여 상속세를 대폭 줄였지만, 어머니 상속세는 배우자공제가 없으니 상속세 부담이 클 것이 예상된다.

10년 이내 재상속되는 재산의 경우 상속세는 얼마나 나올까?

5-7. ◀ SOLUTION

앞 사례에서 아버지 상속재산이 37억 원, 채무가 2억 원이고 동생이 1명 이라고 할 때 배우자공제 최대 금액은 15억 원이다. 어머니가 법정 지분(배우자 1.5, 자녀 각각 1씩이면 1.5/3.5)인 15억 원만큼 상속받으면서 배우자공제를 최대 15억 원으로 한 결과 상속세 산출세액은 대략 4억 4천만 원 정도이다. 이 때 어머니가 받은 15억 원에 대해서 어머니가 부담할 상속세는 약 1억 7천 8백만 원이다.

그런데 어머니가 갑자기 돌아가시면서 재상속이 되자 다른 상속재산이 없더라도 아버지로부터 상속받은 15억 원에 대한 상속세는 약 2억 4천만 원이 예상된다. 나 팀장과 동생은 아버지 상속세 4억 4천만 원과 어머니 상속세 2억 4천만 원을 이중으로 부담하게 된 것이다.

상속세법에서는 단기에 반복되는 상속으로 인해 상속세 부담으로 재산이 급격하게 감소하는 것을 완화하고 동일 재산에 대한 이중과세 문제를 해소하기 위해 단기 재상속에 대한 세액공제 규정을 두고 있다.

아버지 상속재산 중 어머니가 상속받은 후 재차 상속되는 재산에 대해서는 이미 낸 아버지 상속 세액에서 차지하는 만큼을 계산하여 재상속 기간에 따른 일정 비율로 상당액을 어머니의 상속 세액에서 공제해 준다.

▶ 상속세 납부를 위해 미리 준비해야 하는 포인트가 있을까?

나 팀장의 경우 아버지가 돌아가시고 1년 이내에 재상속이 일어난 것이므로 아래 표처럼 공제율 100%을 적용한다. 아버지 유산에 대한 상속세 4억 4천만 원 중 어머니 세 부담 상당액 약 1억 7천 8백만 원은 어머니의 상속 세액에서 공제될 수 있다.

재상속되는 재산가액의 범위에는 상속세 과세가액에 합산하는 사전증여재산이 포함된다. 예를 들어, 어머니가 아버지에게 상속받은 주택을 아들에게 증여한 후에 어머니가 돌아가신 경우 아들이 증여받은 주택은 단기 재상속에 대한 세액공제 적용 대상이 된다. 아버지가 어머니에게 증여한 주택이 상속세 과세가액에 합산되어 과세되었다가 어머니가 돌아가시면서 재차 상속되는 경우에도 단기 재상속에 대한 세액공제를 적용한다.

재상속되는 재산의 종류가 1차 상속 시와 달라지더라도 단기 재상속에 대한 세액공제를 적용한다. 예를 들어, 어머니가 아버지에게 상속받은 부동산을 매각하고 매각 대금 중 일부가 상속되는 경우 재상속된 재산의 비율에 대해 위의 산식에 의해 단기 재상속에 따른 세액공제를 적용받을 수 있다. 또한 어머니가 아버지에게 상속받은 현금이 다시 상속되는 경우에도 자금 입출내역 등으로 사실관계가 명백히 소명되는 경우에는 단기 재상속에 따른 세액공제가 적용될 수 있다.

5-7. ◀ SOLUTION

[표33. 단기 재상속 공제세액 계산식]

$$\text{전(前)의 상속세 산출세액} \times \left\{ \text{재상속분의 재산가액} \times \frac{\text{전(前)의 상속세 과세가액}}{\text{전(前)의 상속재산가액}} \right\} \times \text{공제율}$$

(분모: 전(前)의 상속세 과세가액)

[표34. 단기재상속 공제율]

재상속기간	1년 내	2년 내	3년 내	4년 내	5년 내
공제율(%)	100	90	80	70	60
재상속기간	6년 내	7년 내	8년 내	9년 내	10년 내
공제율(%)	50	40	30	20	10

▶ 상속세 납부를 위해 미리 준비해야 하는 포인트가 있을까?

[표35. 단기재상속 공제액 한도]

공제한도 = 산출세액 - 증여세액 (상속재산에 가산한 증여재산) - 외국납부세액

[응용편]

솔루션 6.

가족법인을 활용하면 상속증여 절세에 효과가 있을까?

증권가 임원인 김 상무는 요즘 주변에서 가족법인 얘기를 자주 듣고 있다. 업무 외에 개인적인 투자는 주로 미국 주식을 하고 있는데 국내 상장주식과 달리 차익에 대해서 양도세를 내야 하는데 만일 법인으로 운영하면 결손을 인정해 주니 법인이 더 유리하기도 하고 차후에 상속증여에도 유리하다는 것이다. 과연 그런지 전문가와 상담을 할 계획이다.

가족법인을 설립하면 상속증여에 유리할까?

2024년 6월 국세청 보도자료를 보면 23년 법인세를 신고한 법인이 처음으로 100만 개를 넘었다고 한다. 1년 만에 약 5만 개, 최근 4년 동안 약 25만 개 법인이 증가하였다.

경제규모가 커져 법인의 수가 증가한 것으로 볼 수도 있으나 이 중에는 높은 소득세율과 상속증여세율을 회피하기 위해 설립된 법인도 상당수 있을 것으로 예상된다. 연예인들이 연예기획사 법인이나 부동산임대법인을 설립하였다는 뉴스나 유명 프로게이머, 유명 전업주식투자 유투버가 가족법인 형태로 사업을 한다는 기사를 종종 접하기도 한다.

이때 가족법인이라는 용어는 세법 용어는 아니다. 법인의 주주가 가족으로 구성되어 있다고 해서 가족법인이라고 부르고 있다. 사실 대부분의 비상장법인은 지분의 대부분을 설립자와 그 가족이 보유한 형태가 많다. 상장을 한 대기업도 사실 이렇게 가족기업으로 시작한 경우이다.

그러나 요즘 가족법인이라고 하면 상속과 증여세 절세 측면이 강조되고 있다. 먼저상속의 경우 법인에 상속이 되면, 법인은 자산수증익에 해당되어 법인세율(9%~24%)로 법인세를 납부한다. 예를 들어, 5억 원의 개인 재산을 상속을 받으면 19%를 곱하고 2천만 원을 뺀 7천 5백만 원의 법인세와 750만 원의 지방세가 부과된다. 이때 법인이 계속 손실을 보고 있어서 넘어온 결손금(이월결손금)이 있다면 법인세도 안 나올 수 있다. 자산수증이익이 법인의 순자산가액을 증가시키므로 익금에 산입하여 법인세를 과세지만 세무상 이월결손금의 보전에 충당한 금액은 익금에 산입하지 않기 때문에 법인세가 없을 수 있다.

[표36. 법인세율]

법인세 과세표준	법인세율	누진공제
2억원 이하	9%	
2억원 초과 200억원 이하	19%	2,000만원
200억원 초과 3000억원 이하	21%	4억2천만원
3000억원 초과	24%	94억2천만원

6-1. ◀ SOLUTION

여기에 상속세를 추가로 납부하는지 한번 더 검토를 해야 한다. 법인세율이 상속세율(10%~50%)보다 낮기 때문이다. 만일 법인의 주주가 상속인과 그 직계비속인 경우에는 상속세를 추가로 납부하도록 하고 있다. 상속재산에 대한 상속세 상당액에서 10%를 공제한 후 지분율을 곱해서 추가 납부하도록 하고 있다. 즉, 이중으로 부과되는 것에 대하여 법인세 상당액을 공제해준다. 하지만 이는 10%에 불과하기에 재산가액이 2억 원을 초과하면 10%보다 높은 세율구간으로 더 적게 공제된다. 만일 며느리와 사위만 주주라면 추가 상속세는 당연히 없다.

다음으로 법인이 증여를 받으면 상속과 마찬가지로 자산수증이익에 대해 법인세를 부담한다. 각 주주가 무상으로 이익을 보기 때문에 증여세 역시 한번 더 검토를 하는데 특정법인의 이익에서 법인세 상당액을 차감한 후 무상으로 받은 재산에 지분율을 곱한 금액이 1억 원 이상이면 증여세를 내도록 하고 있다. 이를 특정법인과의 거래를 통한 이익의 증여 의제라고 한다.

자녀에게 직접 증여하면 10년 동안 증여할 때마다 증여한 재산을 모두 합산하여 더 높은 세율을 적용하여 증여세 정산을 하지만 자녀가 주주인 법인에 증여하게 되면, 자산수증이익으로 법인세만 내면 된다.

끝으로 자녀에게 증여공제 한도(성년 5천만 원, 미성년자 2천만 원)까지 자본금을 증여한 다음 법인의 주주로 참여시킨다. 이후 주식이나 부동산 투자를 통해 자본금을 증가 시키면 자연스럽게 지분이 증가하여 상속증여를 한 효과가 나타난다. 그리고 법인에 부모 소유의 현금을 대출까지 해주면 사업을 더 확장할 수 있다. 즉, 사업기회까지 증여한 경우라고 할 수 있다.

앞에 사례처럼 김 상무가 개인적으로 투자하던 미국 주식을 가족법인이 운영을 하게 되면 세후 소득은 그대로 법인에 남아 지분율만큼 가족 구성원들의 재산은 증가하게 된다. 어느 정도 이익이 법인에 쌓이게 되면 차등배당이나 자본거래를 통해 부의 이전을 적극적으로 할 수 있다는 장점도 있다. 물론 주주인 자녀가 법인에 들어간 현금을 사용하기 위해서는 급여나 배당으로 받아야 하고 이때 소득세 부담은 당연하다.

다만 법인의 실체 없이 형식적으로만 설립하고 세금만 줄인다면 자칫 탈세를 위한 페이퍼컴퍼니로 의심을 살 수 있다. 반드시 사무실과 운영을 하는 임직원 등 실제 사업을 위한 형태를 갖추는 것이 필요하다.

▶ 참고. 특정법인과의 거래를 통한 이익의 증여 의제.

자녀가 주주인 법인에 증여한 것을 자녀에게 직접 증여한 것으로 보겠다는 규정이다. 지배주주가 보유한 주식이 30% 이상이고 재산이나 용역을 무상을 받은 법인에 대해서 증여 이익을 계산하고 지분율을 곱해서 증여세를 과세하려는 것인데 1억 원 이상인 경우에만 과세한다. 납부할 증여 세액은 아래 둘 중에 적은 금액으로 한다.

1. 특정법인과의 거래를 통한 증여의제이익에 대한 증여세액

2. 한도 =
   지배주주 등이 직접 증여받은 경우의 증여세 상당액 – 법인세 상당액

[표37. 특정법인과의 거래를 통한 이익의 증여 의제]

▶ 가족법인을 활용하면 상속증여 절세에 효과가 있을까?

MEMO. ▶

남자 형제 셋 중 막내인 최 부장은 큰 형님 주도로 부모님 소유의 부동산에 대한 상속증여 플랜을 짜고 있다고 부모님께 들었다. 사업을 하는 큰 형님은 세무사도 많이 아니까 잘 할 것이라고 생각은 하지만, 어떻게 돌아가는지 궁금하기는 하다. 듣기로는 부동산 3채 중 하나를 먼저 증여하고 나중에 2개는 상속하는 것으로 한다고 하더니, 갑자기 부동산 임대법인을 하나 만들 예정이니 각 집안 별로 주주를 누구로 할지 정해 놓으라는데 무슨 말인지 모르겠다.

개인 소유 임대부동산을 임대법인으로 전환하면
상속증여에 유리할까?

6-2. ◀ SOLUTION

개인 부동산과 법인 부동산을 상속이나 증여할 때 가장 큰 차이점은 개인은 토지와 건축물등 부동산을 무상으로 주는 것이고, 법인은 지분(주식)을 무상으로 넘긴다는 점이다. 그리고 부동산과 지분(주식)을 증여하거나 상속할 때 큰 차이점이 발생한다.

최 부장 사례를 통해, 먼저 증여부터 살펴보자. 부모님과 큰 형님의 처음 계획은 상업용 건물 3채 중에 규모가 작은 성수동 건물부터 형제 3명에게 증여하고, 상대적으로 가액이 높은 강남 건물 2채는 상속하기로 한 것이었다. 성수동 건물이 향후 10년 이내에 가장 많이 오를 것으로 예상이 되어 먼저 증여를 하자는 것이다. 그리고 강남 2채는 임대료 수입이 꽤 크기 때문에 부모님 생활비를 고려하여 상속 때까지 놔두기로 한 것이다.

성수동 건물에는 부동산담보대출이 10억 정도 있고, 형제들에게 담보대출을 같이 이전하면 부모 대신 자식들이 그 빚을 대신 갚는 셈이다. 이는 부담부증여로 대출금액만큼은 부모님이 양도소득세를 내고 나머지 부분은 형제들이 증여세를 내게 된다. 또한 형제들은 증여 등기를 하면서 취득세도 내야 한다.

그러나 앞 사례에서 부동산 임대법인 전환 작업이 본격적으로 이루어 지면서 증여플랜이 완전히 달라졌다. 부모님이 건물 3채를 모두 부동산 임대법인에 현물 출자하면서 건물 3채가 지분(주식)으로 바뀐 것이다.

▶ 가족법인을 활용하면 상속증여 절세에 효과가 있을까?

이때 법인 전환 자체를 양도로 보지만, 양도소득세는 부동산 임대 법인이 부동산을 매각할 때까지 미뤄준다. 양도세 이월과세로 개인이 해당 사업에 사용되는 사업용 고정 자산을 현물출자 또는 사업양수도를 하는 경우 개인에게 양도소득세를 과세하지 않고, 법인이 향후 그 사업용 고정자산을 양도할 때 양도소득 상당액을 법인세로 납부하는 제도이다. 이 부분은 차후 상속할 때 부채로 인정을 받을 수 있어 상속세를 감소시켜주는 효과도 있다.

어느 건물을 받을지 고민할 것 없이 1/3 해당의 주식을 형제 3명에게 증여하였다. 개인 부동산과는 달리 취득세도 없었고, 담보대출을 넘겨주는 대가로 부모님이 양도소득세를 낼 일도 없다. 주식 가격을 책정할 때 이미 부채 부분을 차감해서 계산했기 때문이다.

취득세는 부모님이 부동산 임대법인으로 현물 출자할 때 이미 부담했다. 원래는 부동산 법인의 주식을 취득하여 과점주주(주주 1명과 특수관계인으로서의 그들의 주식 수의 합계 50%를 초과) 가 되었을 때에 해당 법인의 부동산을 취득한 것으로 간주하여 주식을 취득해도 부동산 취득처럼 취득세를 부과한다. 그런데 부모님과 형제들은 이미 특수관계인으로서 묶여 과점주주이기 때문에 간주취득세 추가 부담이 없다.

6-2. ◀ SOLUTION

부동산 임대업 개인이 부동산 임대법인으로 전환할 때 취득세를 감면해 주는 제도가 2020년 8월 12일부로 사라졌으나 자녀 대신 부모가 부담을 하여 차후 상속재산을 감소시킨다는 장점은 여전히 남아 있다.

[표38. 개인 부동산과 부동산 임대법인 주식 증여 차이점]

구 분	개인 부동산 증여	부동산 임대법인 주식 증여
증여등기와 취득세	수증자가 부담	해당사항 없음
증여세	담보대출을 제외한 부분에 대해서 수증자가 부담	담보대출을 반영하여 주식평가 후 수증자가 부담
담보대출	이전 받으면 증여자가 양도 소득세 부담	해당사항 없음
법인전환시 양도세	해당사항 없음	이월되며 향후 상속재산에서 차감 가능(인정되는 경우)

▶ 가족법인을 활용하면 상속증여 절세에 효과가 있을까?

이때 신설법인의 자본금은 개인이었을 때보다 커야 한다. 즉, 사업용 고정자산을 현물 출자하거나 사업양수도하여 법인으로 전환할 때 개인사업의 순자산가액(법인전환일 현재의 시가로 평가한 자산의 합계액에서 충당금을 포함한 부채의 합계액을 공제한 금액) 이상이어야 한다. 영업권은 제외하고, 시가는 상속세 및 증여세법에 따라 평가한다.

한편, 부동산 임대법인이 5년 이내 부동산을 매각하거나 주식의 50% 이상을 매각하면 바로 과세가 된다. 즉, 설립일부터 5년 이내에 승계받은 사업을 폐지하거나, 이월과세를 적용받은 거주자가 법인전환으로 취득한 주식 또는 출자지분의 50% 이상을 처분하는 경우에는 그 사유 발생일이 속하는 달의 말일부터 2개월 이내에 이월과세액을 양도소득세로 납부하여야 한다.

6-2. ◀ SOLUTION

취득세에도 불구하고 부동산 임대법인 설립을 결정하였다면 아래 고려 사항을 검토하여 설립하고 현물 출자한다.

1. **법인을 준비한다.**

   기존에 법인이 있다면 추가 출자를 할 것인지 법인을 새로 만들 것인지 결정하되, 법인의 형태를 유한회사로 할지 주식회사로 할지 정한다. 유한회사의 출자자는 주식회사의 주주에 비해 법적 책임이 크지만, 법원의 인가를 받지 않기 때문에 설립과 유지에 법적 제약이 약한 편이다. 또한 주식(지분)평가에 있어서 유한회사가 유리할 수도 있다. 혹시 취득세 감면 또는 중과 규정(본점 소재지가 과밀억제권역에 해당하는 경우)에 해당 사항이 있는지도 면밀하게 검토해야 한다.

2. **법인에 출자한다.**

   이때 개인 사업의 순자산가액에 대한 실사보고서가 필요하다. 감정평가를 하지 않는다면 부동산의 기준시가로 순자산가액에 대한 평가를 하기 때문에 현물출자를 할 때 매우 중요하다.

▶ 가족법인을 활용하면 상속증여 절세에 효과가 있을까?

다음으로 향후 운영할 때 급여를 책정하는 것과 지분을 증여할지 상속할지도 결정한다.

1. **급여와 배당을 책정한다.**

   개인으로 부동산임대업을 할 때는 매달 개인 계좌로 임대료가 들어오고 생활비로 사용하다가 소득세 신고 때 소득세를 냈다. 그러나 법인이기 때문에 급여 또는 배당으로 생활비를 법인 계좌에서 개인 통장으로 이체받아야 한다. 이때 합리적 수준으로 급여와 배당을 책정하는 정책이 필요하다.

2. **출자 지분을 증여한다.**

   상속까지 기다리지 않고 부동산 임대법인의 지분을 일부 또는 전부 증여를 한다면 주식평가금액을 계산하고 증여계약서에 따라 증여한다. 이때 미리 세무 전문가와 과점주주의 간주취득세 여부를 검토하는 것이 필요하다.

3. 상속재산 측면에서 살펴보면, 임대료 수입을 입금 받아 생활비로 사용하는 대신, 법인에서 급여나 배당으로 받고 미리 설정해 놓은 퇴직금도 비용 처리할 수 있기 때문에 법인 재산이 감소하는 효과가 있다. 이 과정에서 법인 주식 가격을 낮추고 상속세를 조금이나마 줄일 수 있다.

6-2. ◀ SOLUTION

▶ 참고. 성실신고확인대상 소규모법인

가족법인(사업연도 종료일 현재 지배주주 및 특수관계자 지분합계가 전체 50% 초과) 중 부동산임대업을 주업으로 하거나, 부동산임대소득, 이자소득, 배당소득의 합이 전체 매출액의 50% 이상인 법인이면서 상시근로자(최대주주와 특수관계자와 1년 미만은 제외)의 수가 5인 미만인 경우에는 성실신고확인대상 소규모법인이라고 해서 법인세율 중 최저 세율인 9%를 적용하지 않는다.

[표39. 성실신고확인대상 소규모법인 법인세율]

법인세 과세표준	법인세율
200억원 이하	19%
200억원 초과 3,000억원 이하	21%
3000억원 초과	24%

▶ 가족법인을 활용하면 상속증여 절세에 효과가 있을까?

9% 세율을 적용하지 않는 규제뿐만 아니라 일반 법인과 달리 기업 업무추진비(접대비) 기본 한도가 3천 6백만 원이 아니라 1천 8백만 원으로 감소하고, 승용차에 대한 감가상각비 및 처분손실 연간 한도가 800만 원에서 400만 원으로 축소하고 운행기록 없이 인정되는 비용 한도도 1천 5백만 원에서 500만 원으로 적용된다.

아버지 회사에 일을 한지 올해로 10년째인 김 이사는 지분도 10% 정도 받았다. 최근 수출 호황으로 법인에 여유 자금이 생겼다고 들었는데 아버지는 배당을 받지 않으시고 전부 김 이사에게 몰아주신다고 한다. 인터넷에서 찾아보니 차등배당이라는 제도 같은데 국세청에서는 엄격하게 살펴본다고 하니 증여세를 물게 될까 봐 걱정이다.

가족 주주 중 부부 대신 자녀에게만 배당해도 될까?

6-3. ◂ SOLUTION

배당은 지분율대로 균등해야 한다. 그러나 지분율을 넘게 차등 배당하는 초과 배당을 통해 탈세가 빈번해지자 2015년과 2021년 두 차례에 걸쳐 세법 개정을 통해 엄격하게 하고 있다.

초과 배당이란 법인의 주주들이 지분비율에 따라 균등하게 배당받지 않고 주주 간 차등을 두는 것을 말한다. 최대 주주 등이 지급받을 배당의 전부 또는 일부를 포기함에 따라 그 최대 주주 등의 특수관계인이 보유한 지분에 비하여 높은 금액을 받는 것을 말한다.

과거에는 초과 배당에 증여세와 소득세를 이중으로 부과했다. 이 중과세를 해결하기 위해 소득세와 증여세 중에서 소득세를 부과하였지만, 증여세로 계산하였을 경우가 높은 경우 더 적게 납부하는 결과가 나타나 2015년 12월 15일 신설 조항으로 소득세와 증여세를 비교하여 큰 금액을 과세하도록 하였다.

그러나 초과 배당이 빈번하면서 소득세가 더 높아 증여세를 부과하지 않았던 경우 증여세 10년 합산 과세체계를 적용하는 경우 더 높은 증여세가 나옴에도 불구하고 초과 배당마다 소득세가 높아 소득세만 부과하는 결과가 되어 이를 이용한 절세플랜으로 활용되었다.

조세회피 목적으로 악용될 소지를 방지하기 위해 2021년 1월 1일부터 발생하는 분에 대해서 소득세와 증여세를 모두 과세하며 증여 이익에서 소득세 상당액을 차감하는 것으로 개정되어 더 이상 절세효과가 거의 없다고 할 수 있다.

계산 방법은 최대 주주가 본인이 지급받을 배당금의 전부 또는 일부를 포기하거나 본인 주식에 비례하여 균등하지 아니한 조건으로 배당을 받음에 따라 그 최대 주주 등의 특수관계인이 본인 보유 주식 비율에 비하여 높은 금액의 배당을 받은 경우 초과 배당금액에서 초과 배당금액에 대한 소득세 상당액을 공제한 금액을 그 최대 주주의 특수관계인의 증여재산가액으로 한다.

예를 들어, 지분율이 아버지 60%, 어머니 30%, 자녀 10%일 때, 전체 배당액 10억 원을 각자 지분대로 받는다면 차등배당 문제가 없다. 만일 10억 전체를 자녀가 받으면 원래 받을 수 있는 1억 원을 초과하는 9억 원을 차등적으로 받은 셈이다.

자녀는 배당에 대한 소득세로 42% 세율로 약 3억 8천만 원의 소득세를 부담한다. 또한, 초과배당금액인 9억 원에서 소득세 상당액 계산시 적용할 율을 반영한 약 3억 8천만 원을 공제하여 증여재산가액을 구하여 약 8천 3백만 원의 증여세를 추가로 부담한다. 이때 초과배당 이익의 대상이 자녀가 아닌 직계비속인 경우 세대생략할증과세도 추가로 적용된다.

초과 배당을 받은 경우 법인이 배당 또는 분배한 금액을 지급한 날을 증여일로 보아 증여 세액을 기획재정부령으로 정하는 소득세 상당액의 계산 시 적용할 세율에 따라 소득세 상당액을 고려하여 가계산한다. 증여일이 속하는 달의 말일부터 3개월 이내에 신고 및 납부하고, 다음 연도 종합소득세 납부시 증여재산가액을 기준으로 계산한 증여세액에서 실제 소득세액을 반영한 증여재산가액을 기준으로 계산한 증여세액을 차감하여 납부하여 정산하는 방식이다. 이때 차감금액이 음수인 경우에는 환급받을 수 있다.

[표40. 초과배당금액에 대한 소득세 상당액 계산시 적용할 율]

초과배당금액	율
5천 760만원 이하	초과배당금액 × 100분의 14
5천 760만원 초과 8천 800만원 이하	806만원 + (5천760만원을 초과하는 초과배당금액 × 100분의 24)
8천 800만원 초과 1억 5천만원 이하	1천 536만원 + (8천800만원을 초과하는 초과배당금액 × 100분의 35)
1억 5천만원 초과 3억원 이하	3천 706만원 + (1억5천만원을 초과하는 초과배당금액 × 100분의 38)
3억원 초과 5억원 이하	9천 406만원 + (3억원을 초과하는 초과배당금액 × 100분의 40)
5억원 초과 10억원 이하	1억 7천 406만원 + (5억원을 초과하는 초과배당금액 × 100분의 42)
10억원 초과	3억 8천 406만원 + (10억원을 초과하는 초과배당금액 × 100분의 45)

▶ [예규 판례. 법령해석과-4691 (2021.12.24)]

Q. 1년 이내 2회 이상 초과 배당에 따른 증여 이익 발생 시 증여세 산출세액에서 공제하는 소득세 상당액 산정방법

A. 상증법§41의2에 규정한 초과 배당에 따른 이익의 증여를 적용하는 경우로서, 상증법§43②에 따라 1년 이내 1회이상 초과 배당 증여 이익을 합산하여 계산 시 산출세액에서 공제하는 소득세 상당액도 합산하여 계산하는 것임.

▶ [예규 판례. 법규과-747 (2023.03.23)]

Q. 법인이 초과 배당을 받은 경우 그 법인의 개인주주에게 초과 배당에 따른 이익의 증여 규정으로 증여세 과세 가능 여부

A. 법인의 주주이자 대표이사가 A법인으로부터 지급받을 배당등의 금액을 포기하여 A법인의 다른 주주인 B법인이 보유한 A법인의 주식보유비율을 초과하여 초과 배당을 받는 경우, B법인의 개인주주이자 A법인 대표이사의 자녀는 「상속세 및 증여세법」제41조의2에 따른 증여세 과세 대상에 해당하지 않는 것임.

MEMO. ▶

[응용편]

솔루션 7.

가업승계, 가업상속공제만 믿고 있을 수 없다.

◀ SOLUTION

가업승계 상속증여 지원 제도 개요

가업승계에 대한 세법 지원제도는 크게 3가지이다.
가장 공제가 큰 가업상속공제, 실행 후 사후관리 요건이 덜 엄격한 가업승계에 대한 증여세과세특례, 자녀의 창업을 지원하는 창업자금에 대한 증여세과세특례 등이다. 가업상속공제가 사후 지원제도인 반면, 2가지 증여세과세특례는 생전에 실행할 수 있다.

[표41. 가업상속공제와 가업승계에 대한 증여세과세특례 비교]

구분	가업상속공제	가업승계에 대한 증여세과세특례
가업업종	상증법 시행령 별표 규정 (부동산임대업, 숙박업, 전문직 서비스업 등 제외)	상증법 시행령 별표 규정 (부동산임대업, 숙박업, 전문직 서비스업 등 제외)
업종변경	중분류내 변경허용 (평가심의위원회 심의 거쳐 중분류 외 변경 허용)	중분류내 변경허용 (평가심의위원회 심의 거쳐 중분류 외 변경 허용)
가업대상	중소기업, 매출액 5천억 미만 중견기업	중소기업, 매출액 5천억 미만 중견기업
적용한도	피상속인 가업영위기간 10년 이상 : 300억원 20년 이상 : 400억원 30년 이상 : 600억원	피상속인 가업영위기간 10년 이상 : 300억원 20년 이상 : 400억원 30년 이상 : 600억원
공제금액	적용한도에 따라 가업상속재산의 100% 공제	10억원 공제
세율	상속세율(10%-50%)	과세표준 120억 이하 10%, 초과 20%
고용유지요건	5년 간 근로자수 및 총급여액 90% 유지	없음
자산유지요건	5년 간 가업용 자산 40% 이상 처분 금지	없음

올해로 70세가 되는 박 사장은 지방에 위치한 공단에서 평생 제조업에만 헌신하였다. 공장 근처에 집 한 채 빼고 재산이라고는 법인 주식뿐이다. 매년 발표되는 가업상속 관련 상속세법을 보면 상속세는 거의 없을 거라고 하는데 주위 선배들 얘기를 들어보면 가업 관련 상속세법이 그렇게 좋은 게 아니고 신청하는 사람도 많지 않다고 하니 이해가 안된다.

**최대 600억 가업상속공제가
잘 활용되지 않는 이유는 무엇일까?**

7-1. ◀ SOLUTION

국세청에 따르면, 2023년 가업을 승계하고 상속세를 공제받은 기업은 188개(신고 가액 평균 44.6억 원)로 역대 최대라고 한다. 가업상속공제 신청 현황을 살펴보면 2020년 106건(신고가액 평균 40억 원), 2021년 110건(신고 가액 평균 32억 원), 2022년 147건으로, 지속적으로 늘어나고 있기는 하다.

2024년 현재 가업상속공제는 특정업종을 10년 이상 경영한 중소기업과 중견기업(매출 5천억 원 미만)을 대상으로 경영 기간에 따라 300억 원 (10-20년), 400억 원 (20-30년), 최대 600억 원 (30년 이상)까지 상속재산에서 공제한다. 이때 경영 기간이란, 피상속인이 법인등기부등본상 대표이사로서 상속일 현재 경영을 하고 있어야 한다.

참고로 법인가업의 경우 피상속인이 특수관계인의 주식수와 합하여 40% (상장법인의 경우 20%)초과하는 최대주주인 상태를 유지하면서 실제 가업의 경영에 참가한 때부터 기산한다. 종전에는 경영에서 물러난 이후 상속이 개시되면 가업상속공제를 적용받지 못하는 것으로 해석되었으나 (기획재정부 조세법령운용과-571, 2022.05.30)피상속인이 상속개시일 현재 가업에 종사하지 않더라도 가업상속공제를 적용할 수 있는 것으로 해석을 변경하였다.

▶ 가업승계, 가업상속공제만 믿고 있을 수 없다.

다음 표는 가업상속공제 대상 업종으로 상속세 및 증여세법 시행령 별표에 규정이 되어 있다. 병의원과 일반 식당이 포함되는 반면 법무, 회계, 세무, 건축 등 전문직업종, 부동산임대업, 주점업, 일반 숙박업, 입시학원, 자동차 운전학원, 금융보험업은 제외이다.

이런 파격적인 혜택에도 불구하고, 가업상속공제는 엄격한 사후관리 요건 때문에 아직도 고민을 하는 이들이 많다. 여러 가지 요건 중 가장 힘들어하는 사후관리 규정은 5년간 정규직 수를 유지해야 한다는 것이다.

상속개시일부터 5년간 정규직 근로자 수의 전체 평균이 직전 2개 과세기간 평균의 90% 이상을 유지해야 한다. 이와 더불어 5년간 가업용 자산을 60% 이상을 유지해야 하며 상속받은 지분이 감소하지 않도록 해야 한다.

한편, 가업승계 대상 법인 소유의 부동산을 임대하고 있거나 보유 현금이 기준 금액 이상인 경우 이를 업무무관자산이라고 판단이 되면 그만큼의 비율만큼은 일반 상속세를 과세하기 때문에 가업상속공제를 적용해도 상속세부담이 커질 수 있다.

7-1. ◀ SOLUTION

그래도 매년 세법 개정을 통해 요건과 사후관리 규정이 완화되고 있다. 병원은 가업상속공제 대상인데 자녀가 의사가 아닌 경우 사위 내지 며느리가 의사인 경우 허용이 된다는 점이나 자녀 중 1인에만 적용하던 가업상속공제에서 2개 이상 가업을 2명 이상에게 상속하는 경우, 공동으로 상속받은 자녀 각각이 대표로 취임하는 경우에도 가업상속공제 적용이 가능하다.

▶ [예규 판례. 기획재정부 조세법령운용과-571 (2022.05.30)]

Q. 가업상속공제 적용 시 피상속인이 상속개시일 현재 경영하고 있어야 하는지 여부

A. 상속개시일 현재 피상속인이 가업을 경영할 것은 가업상속공제 요건이 아님. 「상속세 및 증여세법」제18조제2항제1호에 따라 가업의 상속에 따른 공제를 적용할 때 피상속인이 상속개시일 현재 가업에 종사하지 아니하였더라도 동 공제를 적용할 수 있는 것임.

▶ 가업승계, 가업상속공제만 믿고 있을 수 없다.

[표42. 가업상속공제 대상 업종]

상속세 및 증여세법 시행령 [별표] 〈개정 2023 . 2 . 28〉
가업상속공제를 적용받는 중소ㆍ중견기업의 해당업종 (제15조 제1항 및 제2항 관련)
1. 한국표준산업분류에 따른 업종

표준산업분류상 구분	가업 해당 업종
가. 농업, 임업 및 어업 (01~03)	작물재배업(011) 중 종자 및 묘목생산업(01123)을 영위하는 기업으로서 다음의 계산식에 따라 계산한 비율이 100분의 50미만인 경우. [제15조 제7항에 따른 가업용 자산 중 토지(「공간정보의 구축 및 관리 등에 관한 법률」에 따라 지적공부에 등록해야 할 지목에 해다하는 것을 말한다)의 자산의 가액]÷(제15조 제7항에 따른 가업용 자산의 가액)
나. 광업 (05~08)	광업 전체
다. 제조업 (10~33)	제조업 전체. 이 경우 자기가 제품을 직접 제조하지 않고 제조업체(사업장이 국내 또는 「개성공업지구 지원에 관한 법률」 제2조 제1호에 따른 개성공업지구에 소재하는 업체에 한정한다)에 의뢰하여 제조하는 사업으로서 그 사업이 다음의 요건을 모두 충족하는 경우를 포함한다. 1) 생산할 제품을 직접 기획(고안 디자인 및 견본제작 등 을 말한다)할 것. 2) 해당 제품을 자기명의로 제조할 것. 3) 해당 제품을 인수하여 자기책임하에 직접 판매할 것.

[표42. 가업상속공제 대상 업종]

라. 하수 및 폐기물 처리, 원료 재생, 환경정화 및 복원업 (37~39)	하수·폐기물 처리(재활용을 포함한다.), 원료 재생, 환경정화 및 복원업 전체
마. 건설업 (41~42)	건설업 전체
바. 도매 및 소매업 (45~47)	도매 및 소매업 전체
사. 운수업 (49~52)	여객운송업 [육상운송 및 파이프라인 운송업(49), 수상 운송업(50), 항공 운송업(51) 중 여객을 운송하는 경우]
아. 숙박 및 음식점업 (55~56)	음식점 및 주점업(56) 중 음식점업(561)
자. 정보통신업 (58~63)	출판업(58)
	영상·오디오 기록물제작 및 배급업(59). 다만, 비디오물 감상실 운영업(59142)은 제외한다.
	방송업(60)
	우편 및 통신업(61) 중 전기통신업(612)
	컴퓨터 프로그래밍, 시스템 통합 및 관리업(62)
	정보서비스업(63)

▶ 가업승계, 가업상속공제만 믿고 있을 수 없다.

[표42. 가업상속공제 대상 업종]

차. 천문, 과학 및 기술 서비스업 (70~73)	연구개발업(70)	
	전문서비스업(71) 중 광고업(713), 시장조사 및 여론조사업(714)	
	건축기술, 엔지니어링 및 기타 과학기술 서비스업(72) 중 기타 과학시술 서비스업(729)	
	기타 전문, 과학 및 기술 서비스업(73) 중 전문디자인업(732)	
카. 사업시설관리 및 사업지원 서비스업 (70~73)	사업시설 관리 및 조경 서비스업(74) 중 건물 및 산업설비 청소업(7421), 소독, 구충 및 방제 서비스업(7422)	
	사업지원 서비스업(75) 중 고용알선 및 인력 공급업(751, 농업노동자 공급업을 포함한다.), 경비 및 경호 서비스업(7531), 보안시스템 서비스업(7532), 콜센터 및 텔레마케팅 서비스업 (75991), 전시, 컨벤션 및 행사 대행업(75992), 포장 및 충전업(75994)	
타. 임대업 : 부동산 제외 (76)	무형재산권 임대업 (764, 지식재산 기본법 제3조 제1호에 따른 지식 재산을 임대하는 경우로 한정한다.)	

[표42. 가업상속공제 대상 업종]

파. 교육서비스업 (85)	교육 서비스업(85) 중 유아 교육기관(8511), 사회교육시설(8564), 직원훈련기관(8565), 기타 기술 및 직업훈련학원(85669)	
하. 사회복지 서비스업 (87)	사회복지서비스업 전체	
거. 예술, 스포츠 및 여가 관련 서비스업 (90~91)	창작, 예술 및 여가관련 서비스업(90) 중 창작 및 예술관련 서비스업(901), 도서관, 사적지 및 유사 여가관련 서비스업(902), 다만, 독서실 운영업 (90212)은 제외한다.	
너. 협회 및 단체, 수리 및 기타 개인 서비스업 (94~96)	기타 개인 서비스업(96) 중 개인 간병인 및 유사 서비스업(96993)	

▶ 가업승계, 가업상속공제만 믿고 있을 수 없다.

MEMO. ▶

최대 600억 가업상속공제가 잘 활용되지 않는 이유는 무엇일까? ◀

7-1. ◄ SOLUTION

개별법률의 규정에 따른 업종

가업 해당 업종	
가.	「조세특례제한법」 제7조 제1항 제1호커목에 따른 직업기술 분야 학원
나.	「조세특례제한법 시행령」 제5조 제9항에 따른 엔지니어링사업
다.	「조세특례제한법 시행령」 제5조 제7항에 따른 물류산업
라.	「조세특례제한법 시행령」 제6조 제1항에 따른 수탁생산업
마.	「조세특례제한법 시행령」 제54조 제1항에 따른 자동차정비공장을 운영하는 사업
바.	「해운업」에 따른 선박관리업
사.	「의료법」에 따른 의료기관을 운영하는 사업
아.	「관광진흥법」에 따른 관광사업 (카지노업, 관광유흥음식점업 및 외국인전용 유흥음식점은 제외한다.)

▶ 가업승계, 가업상속공제만 믿고 있을 수 없다.

개별법률의 규정에 따른 업종

	가업 해당 업종
자.	「노인복지법」에 따른 노인복지시설을 운영하는 사업
차.	법률 제15881호 노인장기요양보험법 부칙 제4조에 따라 재가장기요양기관을 운영하는 사업
카.	「전시산업발전법」에 따른 전시산업
타.	「에너지이용 합리화법」 제25조에 따른 에너지절약전문기업이 하는 사업
파.	「국민평생직업능력 개발법」에 따른 직업능력개발훈련시설을 운영하는 사업
하.	「도시가스사업법」 제2조 제4호에 따른 일반도시가스사업
거.	「연구산업진흥법」 제2조 제1호 나목의 산업
너.	「민간임대주택에 관한 특별법」에 따른 주택임대관리법
더.	「신에너지 및 재생에너지 개발·이용·보급 촉진법」에 따른 신·재생에너지 발전사업

7-1. ◀ SOLUTION

[표43. 가업상속공제 적용 요건]

구 분	내 용
피상속인 요건	[기간요건] 법인등기부등본상 경영에 참여한 기간이 10년 이상인 거주자 [가업요건] 10년 이상 계속하여 법인등기부등본상 대표이사로 재직 (①~③) ① 가업영위기간 중 50% 이상의 기간 ② 상속개시일부터 소급하여 10년 중 5년 이상의 기간 ③ 가업영위기간 중 10년 이상의 기간 (상속인이 피상속인의 대표이사 직을 승계하여 그 날부터 상속개시일까지 계속 재직한 경우로 한정) [지분요건] 법인가업의 경우 최대주주인 경우로서 지분을 40% (상장법인의 경우20%) 이상 10년 이상 계속하여 보유
상속인 요건	[나이요건] 상속개시일 현재 18세 이상 [기간요건] 상속개시일 전 2년 이상 가업에 직접 종사 [취임요건] 상속세과세표준 신고기한까지 임원으로 취임하고, 신고기한부터 2년 이내 대표이상로 취임 [공동상속] 공동상속시에도 공제 가능하며 가업승계요건을 충족한 자의 승계지분에 대하여 가업상속공제 적용

▶ 가업승계, 가업상속공제만 믿고 있을 수 없다.

[표44. 상속개시일부터 5년 이내 가업상속공제 사후관리 요건]

구분	내용
사후관리 요건	1. 가업용 자신의 100분의 40이상을 처분한 경우. (정당한 사유 제외)
	2. 해당 상속인이 가업에 종사하지 아니하는 경우 상속인이 대표이사 등으로 종사하지 아니하거나 가업의 주업종의 변경, 1년 이상 휴업 및 폐업에 해당하면 추징된다. (정당한 사유 제외)
	3. 주식 등을 상속받은 상속인의 지분이 감소한 경우 상속인이 상속받은 주식 등을 처분하거나 유상증자 시 상속인이 실권하여 지분율이 감소되는 경우 등 상속인의 지분이 감소되면 추징된다. (정당한 사유 제외)
	4. 정규직근로자수의 미달 상속개시일부터 5년간 정규직 근로자수의 전체 평균이 상속개시일이 속하는 소득세 과세기간 또는 법인세 사업연도의 직전 2개 소득세 과세기간 또는 법인세 사업연도의 정규직근로자 수의 평균의 100분의 90에 미달하는 경우.
	5. 총급여액의 미달 상속개시일부터 5년간 총급여액의 전체 평균이 상속개시일이 속하는 소득세 과세기간 또는 법인세 사업연도의 직전 2개 소득세 과세기간 또는 법인세 사업연도의 총급여액의 평균의 100분의 90에 미달하는 경우.

비상장법인을 운영하는 박 사장은 가업상속 세미나를 듣던 중 미리 가업승계를 할 수 있는 방법이 있다는 것을 알게 되었다. 그러나 상속공제에 비해 세금을 낼 수도 있다는 점이 마음에 걸린다.

가업승계 증여세 과세특례가 절세에
얼마나 도움이 될까?

7-2. ◀ SOLUTION

가업상속공제가 피상속인 사망 후 물려받는 주식에서 일정 금액 (24년 현재 300억 원에서 최대 600억 원)을 공제하여 상속세 부담을 줄이지만, 증여세 과세특례는 피상속인 생전에 가업상속 대상 주식을 미리 받는 제도이다.

18세 이상 자녀가 60세 이상 부모로부터 주식을 증여받을 때 경영 기간에 따라 300억 원 (10-20년), 400억 원 (20-30년), 최대 600억 원 (30년 이상)까지를 한도로 하여 증여세 과세가액에서 10억 원 공제한다.

즉, 10억을 넘게 증여하면 증여세를 내야 한다. 과세표준이 120억 원 이하는 10%, 120억 원 초과분은 20%로 증여세를 과세한다. 여러 번 나눠서 신고가 가능하고 추후 상속세 계산할 때 합산하여 정산한다. 가업상속공제처럼 사후관리 요건이 있지만 제일 엄격한 고용유지요건과 자산유지요건 등이 제외되며, 5년간 업종, 지분율, 대표이사직을 유지하면 된다.

2020년 175건(신고가액 평균 19억 원), 2021년 195건(신고가액 평균 19억 원)으로 가업상속공제처럼 많이 실행하지 않는데 그 이유는 상속 때까지 기다리면 세금을 안 내지만 미리 가업승계 하는 것으로 하고 증여세 신고를 할 경우 10억 원 넘는 부분에 대해서 10%에서 20%의 세금을 내야 하기 때문이다.

▶ 가업승계, 가업상속공제만 믿고 있을 수 없다.

한편, 법인 소유 부동산을 임대하고 있거나 보유 현금이 기준 금액 이상인 경우 이를 업무무관자산이라고 판단이 되면 그만큼의 비율만큼은 일반 증여세를 과세하기 때문에 세부담이 커질 수 있다.

가업 주식을 평가할 때 사업 무관 자산은 제외하고 그 부분(업무무관자산 비율 = 업무무관자산 가액 / 총자산가액)에 대해서 일반 증여세율로 증여세를 납부한다. 가업상속공제도 마찬가지로 일반 상속세를 내지만, 증여세 신고할 때 증여세 자금 출처를 마련해야 하므로 사업 무관 자산을 최소화하는 것이 증여세 과세특례의 핵심 사항이자 세무조사 이슈이기도 하다.

이때 사업 무관 자산은 대표적으로 나대지, 임대용 부동산 등 비사업용부동산, 투자 금융자산, 대여금, 과다 보유 현금(직전 5개 연도 말 평균 현금, 요구불예금 및 취득일부터 만기가 3개월 이내인 금융상품 포함) 보유액의 100분의 150을 초과하는 것), 서화 골동품 등이 있다.

가업상속공제처럼 사전 준비 요건이 있는데 특히 증여일의 말일부터 3개월 이내에 가업에 종사하고, 증여일로부터 3년 이내 대표이사에 취임해야 하는 요건이 중요하다.

7-2. ◀ SOLUTION

[표45. 증여세 과세특례 적용 요건]

구 분	내 용
부모의 요건	[나이요건] 만60세 이상 [가업요건] 실질적인 임원 재직기간이 10년 이상 [지분요건] 비상장기업은 40%, 상장기업은 20% 이상 주식 10년 이상 계속 보유
자녀의 요건	[나이요건] 증여일 현재 18세 이상이고 거주자 [종사요건] 증여세 신고기한(증여일의 말일부터 3개월)까지 수증자(또는 배우자)가 가업에 종사 [대표요건] 증여일로부터 3년내 대표이사 취임 후 5년간 유지 -공동상속의 경우 공동 수증자에 대하여 모두 적용

▶ 가업승계, 가업상속공제만 믿고 있을 수 없다.

MEMO. ▶

최대 600억 가업상속공제가 잘 활용되지 않는 이유는 무엇일까?
가업승계 증여세 과세특례가 절세에 얼마나 도움이 될까? ◀
부모님으로부터 창업자금을 현금으로 받으면 증여세를 안 내도 될까?

해외에서 새우양식장업을 하고 있는 오 사장은 최근 자녀들이 식당을 오픈하고 싶다고 해서 창업자금을 좀 보내주려고 한다. 양식장에서 품질 좋은 새우를 공급해 준다면 식당도 잘되고 본인 사업에도 도움이 될 거 같기 때문이다. 그런데 주변 친구들 얘기를 들어보니 자녀들이 창업할 때 현금을 주면 증여세를 안 내도 된다고 한다.

부모님으로부터 창업자금을 현금으로 받으면
중여세를 안 내도 될까?

7-3. ◀ SOLUTION

창업자금에 대한 증여세과세특례는 18세 이상의 거주자인 자녀에게 60세 이상의 부모가 증여하는 창업에 사용할 재산에 대하여 5억 원을 공제하고 나머지 금액에 대해서 10%의 세율로 증여세를 부과하는 특례이다. 사전상속제도의 하나로써 저출산, 고령화 사회에 대응하여 젊은 세대로 부의 조기 이전을 촉진함으로써 경제활력의 증진을 도모하고자 하는 취지이다.

이때 특정업종의 중소기업 창업을 2년 이내 해야 하고 받은 돈은 4년 안에 사용해야 한다. 또한 부모가 하던 사업을 법인으로 전환하여 새로운 법인을 설립하는 경우나 폐업 후 다시 개시한 사업이 폐업 전과 동일한 종류일 경우는 창업으로 보지 않는다.

다음 표는 창업자금에 대한 증여세과세특례 대상업종인데 창업중소기업 세액감면 업종(조세특례제한법 제6조 3항)만 해당된다. 가업상속공제 대상인 도소매업과 병의원이 대상에서 빠져 있다. 그 외 일반음식점업은 포함되는 반면 주점업과 카페업은 제외이다.

그러나 창업자금을 증여받는 당시에는 증여세 부담을 줄일 수 있지만 증여자가 사망 시 상속재산과 합산하여 상속세를 누진세율로 다시 부과하기 때문에 상속세부담이 줄어들지 않고 오히려 높아질 수도 있다. 향후 상속세까지 고려하면서 면밀히 검토 후 결정해야 한다.

▶ 가업승계, 가업상속공제만 믿고 있을 수 없다.

[표46. 창업자금에 대한 증여세과세특례 대상업종]

1.	광업
2.	제조업
3.	수도, 하수 및 폐기물, 원료 재생업
4.	건설업
5.	통신판매업
6.	물류산업 (비디오물 감상실 제외)
7.	음식점업
8.	정보통신업 (비디오물 감상실 운영업, 뉴스제공업, 블록체인 기반 암호화자산 매매 및 중개업 제외)
9.	금융 및 보험업 중 정보통신을 활용하여 금융서비스를 제공하는 업종
10.	전문, 과학 및 기술 서비스업 (엔지니어링사업 포함, 변호사업등 일부 업종 제외)
11.	사업시설 관리 및 조경 서비스업, 사업 지원 서비스업 해당하는 업종
12.	사회복지 서비스업
13.	예술, 스포츠 및 여가관련 서비스업 (자영예술가, 오락장 운영업 등 일부 업종 제외)
14.	개인 및 소비용품 수리업, 이용 및 미용업
15.	직업기술분야 학원 및 훈련시설
16.	관광숙박업·국제회의업·유원시설업 및 관광객이용시설업
17.	노인복지시설 운영업
18.	전지산업

[표47. 창업자금 특례 적용 요건]

구분	내용
수증자 요건	창업자금을 증여 받는 수증자는 18세 이상인 거주자이어야 하며, 중소기업(창업중소기업 세액감면 해당 업종으로 제조업, 통신판매업, 음식점업 등)을 창업할 목적으로 증여 받아야 한다. 창업자금을 증여받은 자는 증여받은 날부터 2년 이내 창업해야 하고, 증여받은 날부터 4년이 되는 날까지 창업자금을 모두 해당 목적에 사용해야한다.
증여자 요건	창업자금을 증여하는 증여자는 60세 이상의 부모여야 하며, 증여 당시 부 또는 모가 사망한 경우 부 또는 모의 부모도 포함한다. 증여세과세가액인 창업자금은 토지 건물 등을 제외한 양도소득세 과세대상이 아닌 재산을 증여 받은 것으로 한다. 증여세 과세가액 한도는 50억원이며, 창업을 통하여 10명 이상을 신규 고용한 경우 100억원을 한도로 한다. 창업자금을 2회 이상 증여 받거나 부모로부터 각각 증여 받는 경우에는 각각의 증여세 과세가액을 합산하여 적용한다.

▶ 가업승계, 가업상속공제만 믿고 있을 수 없다.

[표48. 창업자금특례 사후관리 요건]

	창업자금특례 사후관리 요건
1.	2년이내 창업하지 않은 경우 ▶ 창업자금을 추징대상금액으로 한다.
2.	창업자금으로 타업종을 영위하는 경우 ▶ 타업종 창업자금을 추징대상금액으로 한다.
3.	새로 증여받은 창업자금을 당초 창업사업과 무관하게 사용하거나, 증여받은 날부터 4년이 되는 날까지 창업목적에 모두 사용하지 않은 경우 ▶ 당해 목적에 사용되지 아니한 창업자금을 추징대상금액으로 한다.
4.	증여받은 후 10년 이내에 가치증가분을 포함한 창업자금을 타용도로 사용하는 경우 ▶ 타용도로 사용된 창업자금
5.	창업 후 10년 이내에 해당사업을 폐업하거나 수증자의 사망 또는 당해 사업을 폐업 휴업하는 경우 ▶ 창업자금과 이로 인한 가치증가분
6.	증여받은 창업자금이 50억원을 초과하는 경우로서 창업한 날이 속하는 과세연도의 종료일부터 5년 이내에 근로자수가 줄어든 경우 ▶ [(창업한 날의 근로자수 - (창업을 통해 신규 고용한 인원 수-10명)] : 50억원을 초과하는 창업자금

▶ [예규 판례. 서면-2017-상속증여-0204 (2017.02.14)]

Q. 커피전문점이 창업자금 증여세 과세특례 적용대상 업종에 해당하는지

A. 「조세특례제한법」제30조의 5(창업자금에 대한 증여세 과세특례)는 같은 법 제6조 제3항 각 호에 따른 업종을 영위하는 중소기업을 창업하는 경우 적용되는 것. 한국표준산업분류표상 주점 및 비알콜음료점업에 해당하는 커피전문점은 창업자금에 대한 증여세 과세특례 대상 중소기업에 해당하지 않음.

▶ [예규 판례. 재산세과-1667 (2009.08.12)]

Q. 창업자금에 대한 증여세과세특례 적용대상 중소기업 여부

A. 「조세특례제한법」제30조의 5 규정을 적용함에 있어 창업자금 중소기업이란 「조세특례제한법 시행령」제2조 제1항에 따른 중소기업(「상속세법 및 증여세법 시행령」제15조 제1항 제1호의 사업은 제외하고, 제2호의 사업은 포함한다)을 말하는 것. 스크린골프장은 창업자금에 대한 증여세 과세특례 대상 창업자금 중소기업에 해당하지 않음.

▶ 가업승계, 기업상속공제만 믿고 있을 수 없다.

▶ [예규 판례. 상속증여세과-372 (2014.09.25)]

Q. 부모로부터 창업자금과 현금을 동시에 증여받은 경우 증여재산 공제

A. 부모로부터 "「조세특례제한법」 제30조의 5 [창업자금에 대한 증여세 과세특례]의 요건을 충족한 창업자금"과 창업자금외 "현금"을 동시에 증여받는 경우, 창업자금에 대해서는 「조세특례제한법」제30조의 5 제1항에 따라 증여세과세가액에서 5억 원을 공제하는 것이며, 창업자금 외 현금에 대해서는 「상속세 및 증여세법」 제53조 제2호에 따른 증여재산 공제를 적용하는 것임.

아버지 회사에 다니고 있는 오 이사는 아버지 생전에 주변에서 상속 이야기를 하면 아버지가 안 계시면 무슨 소용이냐며 관심을 가지지 않았다. 그러나 비슷한 처지의 친구 아버지가 돌아가신 후에 친구네 가족들이 비상장주식을 상속받아 예상치 못한 높은 상속세를 내자 고민에 빠졌다.

비상장 주식의 가치 평가와 가업 승계전략

7-4. ◀ SOLUTION

비상장주식의 가액은 상속개시일 또는 증여일 현재의 시가에 따른다. 시가는 상속의 경우 상속개시일 전후 6개월, 증여의 경우 증여일 전 6개월, 후 3개월 이내 기간에 불특정다수인 사이의 일정 금액 이상의 거래가액 또는 경매·공매 등으로 가액이 확인되는 경우 그 가액을 시가로 볼 수 있다. 다만, 감정가액은 시가로 인정되지 않는다.

통상적으로 비상장법인은 대부분 가족법인이 많아 거래가 거의 없다. 세법에서는 비상장주식 평가 방법을 산술식으로 정해 놓았다. 법인의 순손익 가치와 순자산가치로 계산하는 보충적 평가 방법을 적용한다.

과거 3년의 평균 순이익이 10년간 지속될 것이라는 가정과 현재 시점의 순자산 가액을 가중 평균한다. 순이익 가치의 60%와 순자산가치의 40%를 가중 평균한다. 만일 부동산 과다법인이면 반대로 순이익 가치의 40%와 순자산가치의 60%를 가중 평균한다. 손실이 3년 동안 연속으로 발생해서 순이익이 없으면 순자산으로만 평가한다.

비상장주식이 있는 경우 시점에 따라 보충적 평가액이 달라지므로 생전에 증여를 미리 받는 것이 유리할 수도 있다. 만일 법인의 실적이 안 좋은 시기가 있다면 주식을 증여할 적절한 시기일 수도 있다는 점을 염두에 두고 증여 계획을 세우면 유리할 수 있다. 반면에

▶ 가업승계, 가업상속공제만 믿고 있을 수 없다.

법인의 실적이 계속 좋아질 것으로 판단된다면 상속개시일 당시에는 1주당 순손익 가치가 높아져 상속세부담이 커질 것이다.

또한, 증여시 증여재산 공제를 통하여 증여세 해당 공제 부분까지는 세 부담이 없으며 증여 당시 평가액이 취득가액이 되어 양도한다면 양도소득세 부담 없이 현금화할 수 있어 향후 상속세 납부 재원을 확보할 수 있다. 다만, 2025년 01월 01일 이후부터는 비상장주식의 경우 1년 이내에 증여받아 양도 시 이월과세 규정이 적용된다.

비상장주식의 경우 일반적으로 거래가 많이 이루어지지 않아 양도를 통한 현금화에 어려움이 많다. 이에 주식을 발행한 법인에 소각 목적으로 양도하여 재원을 마련할 수 있다. 법인이 소각 목적으로 주식을 매수하는 경우 자본적 거래로 양도소득세 과세를 하지 아니하고 의제배당에 따른 소득세가 과세하지만, 소각 대가와 취득가액이 같다면 세부담이 없다.

증여공제를 활용하여 증여공제 범위 내에서 비상장주식을 증여 후 법인에 양도하여 진행된다면 증여세, 상속세, 소득세 등의 세부담이 없이 이상적으로 현금화를 시킬 수 있다. 하지만, 단순히 조세부담 회피를 위한 우회 행위 시에는 무조건 인정되지 않아 주식의 취득 및 소각이 단기간에 이루어졌는지 등 요건들을 잘 살펴보고 진행해야 한다.

7-4. ◀ SOLUTION

비상장주식을 평가할 때 최대 주주 및 그와 특수관계에 있는 주주의 주식인 경우 평가액에 원칙적으로 20%를 가산한다. 그러나 중소기업과 중견기업(매출액 5천억 원 미만)은 할증평가를 배제하며, 일반기업의 경우에는 매년 세법이 개정되기 때문에 상속이나 증여시점에서 반드시 체크해 보아야 한다.

할증하는 이유는 해당 주식은 경영권과 관계가 있고 소액주주보다 양도성 등에 차이가 있어 일반적으로 그 가치가 높게 평가되는 점을 반영하는 것이다. 다만, 계속하여 결손금이 있는 법인이거나 경영권 프리미엄이 형성되어 있다고 보기 어려운 사유에 해당한다면 최대 주주의 평가일지라도 할증평가를 하지 않는다.

▶ 가업승계, 가업상속공제만 믿고 있을 수 없다.

▶ [예규 판례. 심사-소득-2022-0004 (2022.04.06)]

Q. 쟁점거래는 청구인이 배우자에게 주식을 증여하는 형식을 빌려 의제배당 소득을 회피한 것임

A. 쟁점거래는 청구인이 배우자에게 쟁점주식을 증여하는 형식을 취하여 의제배당 소득을 회피하기 위한 가장거래로써 국세기본법상 실질과세원칙에 따라 배우자가 아닌 청구인이 쟁점법인에 쟁점주식을 직접 양도한 것으로 보아 청구인에게 의제배당 소득세를 과세한 이 건 처분은 정당한 것임.

▶ [예규 판례. 상속증여세과-636 (2013.12.31)]

Q. 비상장주식으로 상속세 물납 신청이 가능한지 여부

A. 부동산과 유가증권의 가액이 상속재산가액의 2분의 1을 초과하는지 여부를 판단할 때, 비상장주식은 그 밖의 다른 상속재산이 없거나 상증법 시행령 제74조제2항제1호부터 제3호까지의 선순위 물납대상재산으로 상속세 물납에 충당하더라도 부족한 경우에 한정하여 유가증권의 범위에 포함하여 같은 법 제73조제1항에 따라 비상장주식으로 물납을 신청할 수 있음.

[표49. 순손익가치 및 순자산가치 계산방법]

구분	내용
(1) 순손익가치	1주당 순손익가치 : $$\frac{\text{1주당 최근 3년간의 순손익액의 가중평균액}}{\text{순손익가치환원율(10\%)}}$$ 1주당 최근 3년간 순손익액의 가중평균액 : $$\frac{A \times 3 + B \times 2 + C \times 1}{6}$$ 1주당 최근 3년간 순손익액의 가중평균액 금액이 0 이하인 경우에는 0 으로 본다. A : 평가기준일 이전 1년이 되는 사업년도의 1주당 순손익액 $$\frac{\text{각사업연도 순손익액}}{\text{각 사업엽도 종료일 현재의 발행주식총수}}$$ B : 평가기준일 이전 2년이 되는 사업년도의 1주당 순손익액 $$\frac{\text{각사업연도 순손익액}}{\text{각 사업엽도 종료일 현재의 발행주식총수}}$$ C : 평가기준일 이전 3년이 되는 사업년도의 1주당 순손익액 $$\frac{\text{각사업연도 순손익액}}{\text{각 사업엽도 종료일 현재의 발행주식총수}}$$
(2) 순자산가치	1주당 순자산가치 : $$\frac{\text{평가기준일 현재 당해 법인의 순자산가액}}{\text{평가기준일 현재 발행주식 총수 등}}$$ 여기서 순자산가액이랑 자산총액에서 부채총액을 차감하고 장부에 계상되지 않은 영업권평가액을 가산한다.

▶ 가업승계, 가업상속공제만 믿고 있을 수 없다.

[표50. 비상장주식의 가중평균 계산]

1. 일반법인의 경우(가중치 3:2)
   1주당 평가액 :
   $$\frac{1\,주당\,순손익가치 \times 3 + 1\,주당\,순자산가치 \times 2}{5}$$

2. 부동산과다보유법인의 경우(가중치 2:3)
   1주당 평가액 :
   $$\frac{1\,주당\,순손익가치 \times 2 + 1\,주당\,순자산가치 \times 3}{5}$$

3. 순자산가치로만 평가하는 경우(가중치 0:1)
   수익력을 측정할 필요가 없는 청산법인 또는 휴폐업법인,
   계속하여 결손인 법인 등에 경우에는 순자산가치로만 평가를 한다.

중국에서 건설자재 수입을 하는 박 부사장은 아버지 회사에 다니고 있다. 그런데 주주명부를 보면 아버지 친구분 2명과 직원 1명이 주주로 등재가 되어 있다. 아버지 말씀은 예전에 주주가 많이 필요했기 때문에 명의만 빌려서 법인을 설립했다고 하는데 만일 상속이 발생하면 명의만 빌려준 아버지 소유 주식들을 어떻게 상속받을 수 있을지 고민이다.

명의신탁주식이 있을 때
상속증여 절세 방법이 있을까?

7-5.

7-5. ◀ SOLUTION

명의신탁주식은 주주 명부상의 소유자와 실제 소유자가 다른 주식을 의미한다. 2001년 7월 23일 이전에는 상법에 따라 법인설립 시 발기인이 다수가 필요하여 부득이하게 친인척, 지인 등 다른 사람을 주주로 등재하는 명의신탁 사례가 많았다.

이후 경영, 상속, 증여 관련하여 명의신탁한 주식을 실제 소유자에게 환원하려고 할 때 실제 소유자를 입증하기 위한 관련 증빙을 제대로 갖추지 못해 이를 입증하는 데 많은 어려움이 있었다.

이런 사정 때문에 국세청에서는 명의신탁 주식 실제 소유자확인제도를 두고 편의를 봐주고 있다. 명의신탁 주식의 형식상 소유자는 명의를 빌려준 수탁자로 실소유자인 신탁자가 해당 주식에 관한 권리소유권을 가져와 재산으로 귀속시키기 위해서는 실제 소유자 확인제도를 통해 신청할 수 있다.

일반적으로 실제 소유자를 검토할 때 배당을 받고 소득세 신고를 했는지, 주식으로 의결권 행사를 했는지 검토한다. 명의신탁이라면 배당을 주지 않았을 것이고 단순히 명의만 해 놓았다면 그 주식으로 권리를 행사하지 않았을 것이기 때문이다.

이때 조세회피 목적이 있다고 판단되면 증여세를 가산세와 함께 부과하며 배당에 대해서 소득세도 다시 과세할 수 있으므로 그 입증을 명의자가 해야 한다. 계약 해지로 명의신탁주식을 정리하는 방법도 있지만 사실관계를 입증하지 못하면 양도소득세를 피하기

▶ 가업승계, 가업상속공제만 믿고 있을 수 없다.

위한 탈세로 의심받을 수도 있고 해지 시점에 다시 증여로 보아 해지 시점의 주식 평가액을 기준으로 증여세가 과세될 수도 있다.

이런 과정에서 명의를 갖고 있던 아버지 지인이 아버지보다 먼저 사망한다면 반환 절차가 더욱 어려워지고 상대방이 말을 바꾸거나 비협조적인 경우라면 소송을 통해서 반환받는 등 복잡하고 시간이 오래 걸리는 경우도 있다.

반환이 된 주식의 경우 실제 소유자인 명의신탁자 재산으로 보아 사망으로 상속이 개시되면 상속재산이 된다. 상속받은 재산에 대하여 상속인은 상속세 납세의무를 진다. 반환을 받은 주식을 통하여 가업상속공제 요건인 지분율에도 영향을 끼쳐 상속공제를 받을 수 있다.

▶ [예규 판례. 서면 인터넷 방문 상담4팀-3313 (2007.11.16)]

Q. 주식의 명의신탁 증여의제 해당여부

A. 「상속세 및 증여세법」제45조의 2의 규정에 의하여 주식을 실제 소유자가 아닌 제3자 명의로 명의개서한 경우에는 그 명의개서한 날에 실제소유자가 그 명의자에게 증여한 것으로 보아 증여세를 과세하는 것이나, 제3자 명의로 명의개서한 것에 대하여 조세회피의 목적이 없다고 인정하는 경우에는 증여세를 부과하지 아니하는 것임. 귀 질의의 경우 조세회피목적이 있는지 여부는 명의신탁하게 된 경위와 불가피성의 유무, 종합소득세·상속세·증여세 등 제 조세의 회피유무 등 구체적인 사실관계를 확인하여 판단할 사항임. 제3자 명의로 명의개서한 주식을 명의신탁해지하여 실제소유자 명의로 환원하거나 당해 주식의 매각대금을 실제소유자가 수령하여 사용하는 경우 그 환원 또는 매각대금에 대하여 실제소유자에게 증여세를 부과하지 아니하는 것임.

▶ 가업승계, 가업상속공제만 믿고 있을 수 없다.

▶ [예규 판례. 조심-2017-중-3631 (2017.11.13)]

Q. 쟁점주식을 조세회피목적 없이 명의신탁하였다는 청구주장의 당부

A. 청구인이 명의신탁주식 실제소유자 확인제도에 따라 실제소유자 확인신청을 하였고, 자발적으로 명의수탁자들에 대한 배당금을 청구인의 배당금으로 합산하여 수정신고 납부한 점 등에 비추어 쟁점주식 명의신탁에 조세회피의 목적이 있었다고 보아 증여세를 과세하고 청구인에게 연대납세의무 지정통지를 한 처분은 잘못이 있는 것으로 판단됨.

▶ [예규 판례. 조심-2015-중-2593 (2016.03.16)]

Q. 쟁점주식 명의신탁에 조세회피 목적이 있었는지 여부

A. 명의신탁의 목적에 조세회피의 목적이 없었다는 것에 대한 입증책임은 명의자에게 있는 점, 쟁점주식이 명의신탁됨으로 인하여 향후 명의신탁자의 배당소득에 따른 종합소득세 누진과세가 회피될 가능성이 있는 점 등에 비추어 쟁점주식의 명의신탁에 대해 청구인에게 증여세를 부과한 처분은 잘못이 없음.

박 사장은 중국 전자부품 업체 총판 법인을 20년 넘게 운영하면서 최근 이사로 일하고 있는 아들 박 이사 명의로 법인을 신설하여 거래처를 넘기고 있다. 이런 부분에 대해서 세금이 나올 수 있다는 얘기를 듣고는 어떤 이유로 얼마나 세금이 나올 수 있는지 궁금하다.

일감몰아주기와 가업 승계전략

7-6. ◀ SOLUTION

2024년 11월 국세청은 대기업 총수의 지분이 많은 계열사나 2세가 운영하는 법인에게 일감을 몰아주거나 떼어주는 지원을 통해 불법적으로 증여를 한 기업 16곳에 대한 세무조사를 발표하였다. 평균적을 증여받은 금액이 평균 66억이었으며 이 자금을 활용하여 5년 이내 재산이 평균 1,036억 원이 증가했음에도 일감몰아주기 증여세를 제대로 신고하지 않은 것으로 나타났다.

법인 간 일감몰아주기를 증여로 각 주주에게 증여세를 과세하는 규정은 일감몰아주기 증여의제라고 한다. 특수관계법인이 수혜법인에 일감을 몰아주는 방법으로 수혜법인의 주주에게 부를 이전하는 것에 대하여 증여세를 과세하는 규정이다. 즉, 위 사례에서 아버지 회사가 아들 회사로 일감을 몰아주고 있는 것에 대해서 증여세를 부과할 수 있다는 의미이다.

일감몰아주기 증여세를 부과하려면 몇 가지 과세 요건이 있는 데 가장 중요한 요건은 아버지 법인과 아들 법인 둘 다 중소법인인 경우 과세가 되지 않지만, 아버지 법인이 비영리법인(예. 재단 병원) 경우에는 아들 법인이 중소법인이라도 증여세 과세가 된다.

구체적을 수혜법인의 사업연도를 기준으로 수혜법인과 특수관계법인의 거래 비율이 정상 거래 비율을 초과하면, 수혜법인의 주주가 영업이익을 기준으로 계산한 이익을 증여받은 것으로 보아 과세한다.

▶ 가업승계, 기업상속공제만 믿고 있을 수 없다.

계산을 하는 방식은 일감을 받은 수혜법인의 사업연도 매출 거래 중 특수관계법인과의 거래 비율이 정상 거래 비율 30% (중소기업 50%, 중견기업 40%)를 초과해야 과세 대상이다. 그리고 수혜법인의 지배주주와 그 친족으로서 간접 보유 비율을 포함한 각자의 수혜법인 지분이 한계 보유 비율 3%(중소·중견기업 10%)를 초과하는 개인 대주주가 있어야 한다.

즉, 수혜법인이 중소기업인 경우, 세후영업이익 × (특수관계 법인 거래 비율 - 50%) × (주식 보유 비율 - 10%)의 공식을 적용하여 계산한다. 이때 배당을 하면 배당소득세와 증여세 이중과세를 조정하기 위해 증여이익에서 배당소득을 공제한다.

[그림1. 일감몰아주기 국세청 조사 사례]

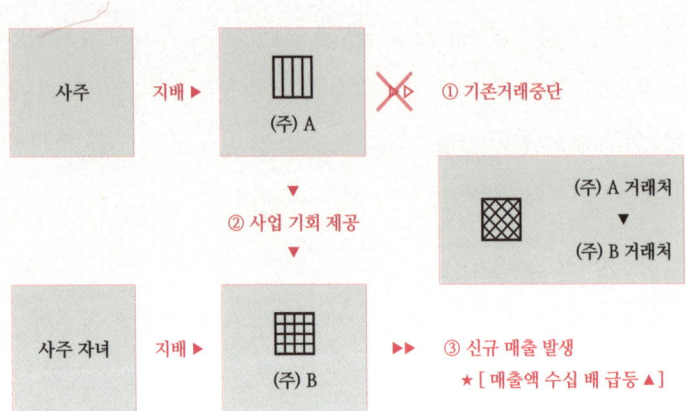

▶ [예규 판례. 서면-2020-상속증여-3291 (2020.10.23)]

Q. 일감몰아주기 증여의제 규정 적용시 과세제외 매출액 적용방법

A. 「상속세 및 증여세법」 제45조의 3에 따른 증여의제 규정은 수혜법인의 사업연도 매출액 중 지배주주와 특수관계법인에 대한 매출액이 차지하는 비율이 정상거래비율을 초과하는 경우 적용되는 것이며, 이때 중소기업인 수혜법인이 중소기업인 특수관계법인과 거래한 매출액은 같은 법 시행령 제34조의 3 제8항 제1호에 따라 제외되는 것임.

▶ 가업승계, 가업상속공제만 믿고 있을 수 없다.

MEMO ▶

[응용편]

솔루션 8.

미술품, 가상화폐, 신종 투자자산 및 신탁제도 등을
활용한 절세 신기술

올해 70을 바라보는 김 사장은 요즘 어디를 가나 상속증여 얘기를 듣게 된다. 젊은 시절부터 꾸준히 사 놓은 부동산 덕분에 임대료 받으면서 여유 있게 살고 있지만 자식 대까지 이런 부가 넘어갈 수 있을지 상속세 얘기를 들을 때마다 걱정이 많다. 오랜만에 나간 동창회에서 갤러리를 운영하는 동창을 만나 미술작품을 활용하면 상속세를 크게 줄일 수 있다는 이야기를 듣고 세미나를 신청했다.

미술작품, 절세에 유리할까?

8-1. ◀ SOLUTION

요즘 미술 작품 절세 세미나가 예전보다 자주 열린다. 상속세를 내는 사람이 많아졌고, 세율이 세계 최고 수준이라는 이야기가 많아서다. 미술작품은 절세 수단인가를 묻는다면 결론적으로 맞다.

먼저, 미술작품에는 취득과 보유에 재산 관련 세금이 없다. 부동산을 사면 취득세와 등록세를 등기하면서 내야 하고, 1년에 두 번 재산세가 나온다. 나대지이면 종합부동산세도 있다. 그러나 미술작품에는 취등록세와 재산세가 없다.

또한 개인 소유의 부동산을 팔면 양도소득세, 법인 소유면 법인세를 내고 경우에 따라 부가세도 부담하지만, 미술작품은 파는 가격(양도가액)이 6천만 원 미만이거나 양도일 현재 생존한 국내 작가의 작품이면 양도세가 면제된다. 1천만 원에 구입한 그림을 200억에 판다 해도 국내 작가가 살아 있으면 양도 관련 세금을 내지 않는다.

그러나 양도가액이 6천만 원을 넘거나 외국 작가 또는 사망한 내국 작가의 작품을 양도하면 기타소득으로 보는데 이 경우에도 혜택이 많다. 왜냐하면 기타소득은 양도가액이 1억 원 이하면 90%를 경비로 처리하고, 1억 원 초과면 1억 원 넘는 가액은 80%를 경비로 처리해 주면서, 세율은 20%를 적용하기 때문이다. 여기에 보유기간이 10년 이상이면 1억 원 초과 부분도 90% 인정을 해준다.

예를 들어, 1천만 원에 구입한 그림을 10년 후 3억 원에 양도한다면, 작품가격의 90%인 2억 7천만 원을 경비로 공제하고 나머지 이익 3천만 원에 대해서 세율 20%로 과세한다. 결과적으로 양도가액의 2%(이익률 10% 곱하기 세율 20%)에 불과하다.

기타소득금액(이익 개념)이 300만 원 넘으면 다른 소득과 합쳐서 누진세율이 적용되는 종합과세로 신고해야 하는데 미술품 기타소득은 무조건 매각 건 별로 분리해서 종결한다. 즉, 다른 기타소득과 합산해서 과세하지 않고 별개로 납부한다.

이와 더불어 상속증여에도 유리할 수 있다. 상속이나 증여할 때 가장 중요한 것이 재산에 대한 평가이기 때문에 아파트 같은 경우 동일한 규격의 아파트가 존재하기 때문에 최근 거래 가격을 그대로 시세로 인정하지만 미술작품은 동일한 것이 없기 때문에 평가를 받아야 한다.

미술품 평가는 부동산처럼 어떤 표준화된 모형을 갖고 가격이 산정이 되지는 않는다. 따라서 평가액이 적게 나올 수 있는 여지가 크고 실제로 같은 작품에 대한 평가가 200배가 차이나는 경우도 있었다.

평가하는 방법은 상속개시일 전·후 6개월, 증여일 전 6개월과 증여일 후 3개월 이내의 매매사례가액이나 수용가격, 공매가격 및 감정가격 등이 존재하는 경우의 해당 가격이다. 만일 이런 가격이 없다면 각 전문 분야별로 2인 이상의 전문가가 감정한 가액의 평균액과 국세청장이 위촉한 3인 이상의 전문가로 구성된 감정평가심의회에서 감정한 감정가액 중 큰 금액으로 평가한다.

[표51. 미술품 종합소득세 과세 요건]

요건	내용[소득세법시행령 제41조]
미술품 요건 (서화, 골동품) -조각품 제외	회화, 데생, 파스텔, 콜라주 및 유사 장식판
	오리지널 판화, 인쇄화 및 석판화
	골동품(제작 후 100년 경과)
작가 요건	양도일 기준 해외 작가
	양도일 기준 작고한 국내 작가
가격 요건	점당 또는 조당 6천만원 이상인 작품

[표52. 미술품 양도에 대한 기타소득 계산 예시]

양도금액	필요경비율	이익 계산 예시
1억 이하	90%	1억이면 1천만원
1억 초과	1억까지 90%, 초과분 80%	2억이면 3천만원
보유기간 10년 이상	무조건 90%	2억이면 2천만원

MEMO. ▶

미술작품, 절세에 유리할까? ◀
코인을 이용하면 절세에 유리할까?

경기도에서 교정치과를 운영 중인 치과 원장 오 원장은 현금 매출을 신고하지 않고 해외에 계좌를 개설하고 코인을 사 놓았다. 이 돈의 일부는 골프 회원권을 구입하였고 해외에 유학 중인 자녀들 학비와 배우자 해외 생활비로 사용하였는데 최근 국세청의 세무조사를 받으면서 현금 누락보다 더 많은 세금을 물게 생겨서 골치가 아프다.

코인을 이용하면 절세에 유리할까?

최근 비트코인, 이더리움 등 암호화폐·가상화폐 등으로 불리는 가상자산의 소유자가 늘어나고 있다. 또한 급등락을 반복하여 큰 수익을 얻어 가상자산으로 부의 축적을 이룬 투자자들이 많아지자 각종 탈세 수단으로도 이용되고 있다.

국세청도 가상자산의 발전에 따라 그 이익을 과세할 수 있는 세법을 만들고는 있지만 아직도 논란이 많다. 가상자산은 유상으로 거래가 이루어지고 있기 때문에 분명히 상속 및 증여재산에 포함된다.

참고로 가상자산 양도소득세는 가상자산 이용자 보호 등에 관한 법률 제2조 제1호에 따른 가상자산을 양도하거나 대여함으로 발생하는 소득에 대해서는 2020년 소득세법상 기타소득으로 과세하는 규정이 마련되었으나 2027년 1월 1일 이후 양도·대여분부터 기타소득으로 과세하는 것으로 유예되었다.

가상자산을 향후 상속 및 증여 시 과세를 할 때 가장 중요한 점은 가격이다. 몇 초 사이에도 가격이 크게 변동하기 때문에 가격을 잘 평가해야 한다.

일반적으로 상속세나 증여세가 부과되는 재산의 가액은 상속개시일 또는 증여일 평가기준일 현재의 시가에 따른다. 특정 금융거래정보의 보고 및 이용 등에 관한 법률 제2조 제3호에 따른 가상자산의 경우에는 해당 자산의 거래 규모 및 거래 방식 등을 고려하여 다음과 같이 산정하여 평가한다.

먼저 상장주식 시장(거래소)과 비슷한 가상화폐 거래소에서 거래되는 가상자산의 경우 평가기준일 전·이후 각 1개월 동안에 해당 가상자산사업자가 공시하는 일평균 가액의 평균액으로 평가한 금액을 시가로 본다.

반면, 법적으로 인정받지 못한 가상자산사업장에서 거래되는 경우는 해당 가상자산사업장에서 공시하는 거래일의 일평균 가액 또는 종료시각에 공시된 시세 가액 등 합리적으로 인정되는 가액으로 평가한 금액을 시가로 본다.

국세청은 현재 국내거래소로 금융정보분석원장에게 신고가 수리된 국내거래소 4곳의 가상자산들을 2025년 1일 1일 이후 거래분부터 가상자산 거래명세서 및 거래집계표를 제출해야 하기에 신고대상에 포함하지 않았을 경우 국세청은 세무조사를 통해 자료내역을 확보하고 상속세를 추징할 수 있다.

해외거래소의 해외 가상자산 등을 신고하지 않고 상속·증여 후 일정 기간 과세하지 않았을지라도 그 부과제척기간은 10년, 부정행위·미신고 등의 사유 시 15년, 사업자를 통하지 않고 부정행위로 포탈한 경우로써 상속 또는 증여가 있음을 안 날로부터 1년(다만, 상속인이나 증여자 및 수증자가 사망하거나 재산가액이 50억 원이하인 경우에는 그러하지 아니한다.) 이내에 언제든지 과세가 가능하다.

▶ [예규 판례. 기획재정부 재산세제과-200 (2021.03.05)]

Q. 재산 취득자금의 증여추정 적용 시
중여인의 특정이 과세요건에 해당하는지 여부

A. 상증법 §45에 따라 직업, 연령, 소득 및 재산상태 등으로 볼 때 재산취득자금의 출처에 대해 소명하지 못하여 증여받은 것으로 추정하는 경우, 증여자를 특정하지 않아도 과세가능함.

▶ [예규 판례. 기획재정부 재산세제과-814 (2022.07.25)]

Q. 가상자산 무상지급 거래 증여세 과세 대상 여부

A. 「특정 금융거래정보의 보고 및 이용 등에 관한 법률」 제2조 제3호에 따른 가상자산을 타인에게 무상으로 이전하는 행위는 「상속세 및 증여세법」 제2조 제6호에 따른 증여에 해당하여 동 가상자산을 무상으로 이전받은 타인에게 증여세가 과세됨. 다만, 특정 가상자산 거래가 증여세 과세 대상인지 여부는 대가성 여부, 실질적인 재산 및 이익의 이전 여부 등과 관련한 거래상황 등을 고려하여 사실판단할 사항임.

MEMO. ▶

평생 대학 교단에서 경제학 강의를 했던 최 교수는 최근 상속과 증여에 신탁 활용을 고려 중이다. 아직 한국은 보편화되지 않았고 관련 세법도 모호한 부분이 있다고 해서 연구 중이다. 그러던 중 본인의 빌딩을 수익자 연속신탁으로 설정하면 어떨까 전문가와 상담을 하기로 했다.

수익자 연속신탁을 이용한 절세, 과연 유리할까?

신탁이란 '신탁을 설정하는 자(위탁자)' 본인의 재산을 '신탁을 인수하는 자(수탁자)'에게 맡기면서(이전하거나 처분하면서) 그 맡긴 재산을 운용하도록 하면, 수탁자는 위탁자가 지정한 수익자(위탁자 본인이거나 지정한 제3자)의 이익 또는 특정 목적을 위해 관리 또는 처분, 운용, 개발 등을 하는 제도이다.

일반적으로 금융자산이나 부동산을 금융기관인 수탁자에게 넘기고 그 운용을 전적으로 맡기게 된다. 이때 명의는 금융기관에 넘어 갔지만 여전히 신탁을 맡긴 위탁자의 상속재산에 포함된다. 예외적으로 수익자의 증여재산으로 보는 신탁의 이익은 증여재산으로 본다.

신탁은 2012년 개정 신탁법이 도입된 이후에도 아직 대중화되지 않은 낯선 영역이다. 다양한 목적의 신탁상품들이 만들어지고 있으나 이를 활용하는 사람들이 많지는 않다. 신탁제도를 이용하여 유언 및 상속세 절세방안으로 활용하고 자산관리에 도움이 될 수 있도록 최근 관심이 높은 수익자 연속신탁부터 살펴보고자 한다.

수익자 연속신탁은 피상속인이 사망하면 상속인이 새로 신탁의 수익권을 취득하는 신탁을 말하는데 이때 타인을 여러 명으로 지정할 수 있다. 신탁재산의 소유권이 금융기관에 있지만 사망한 수익자의 상속재산에 포함한다.

위 사례에서 최 교수 본인의 빌딩을 신탁하면서 생전에는 본인이 임대료를 받다가 사망 후 그 수입을 배우자에게, 그리고 배우자가 사망하면 빌딩을 자녀에게 귀속되도록 수익자를 연속하여 설정하는 식이다.

이때 최 교수의 빌딩이 80억 원이고 임대 수입의 가치를 20억 원이라고 가정하면 최 교수가 사망했을 때 상속재산을 얼마로 책정해야 하는지 문제가 있다. 가장 단순한 방법은 배우자가 20억 원에 대해서, 자녀가 80억 원에 대해서 상속세를 부담하는 것이다. 그러나 아직 빌딩이 자녀에게 넘어가지 않은 상황인데 자녀가 상속세를 낼 수 있는지 의문이다.

그렇다면 최 교수 사망 후 배우자가 20억 원의 임대수입 가치에 대해서 상속세를 내고, 배우자 사망 후 자녀가 80억 원 빌딩에 대해서 상속세를 내는 방법도 있을 수 있다. 하지만 80억 원 빌딩을 20억 원 임대수입 가치로 신고하면 상속재산 누락으로 의심을 살 수 있다.

이런 상속세 과세 이슈와 리스크가 있을 수 있어 좀 더 연구가 필요한 상황이다. 아마 가상자산처럼 새로운 신탁상품이 나올 때마다 상속·증여세를 어떻게 부과할지 논란이 이어질 전망이다.

[신탁 관련 세금 참고 사항]

1. 신탁 소득에 대한 법인세 및 소득세는 신탁재산에 대한 소득을 수익자가 신탁재산을 직접 가지고 있는 것으로 보아 수익자에게 납세의무를 지니게 한다. 이 경우 해당 신탁자산의 운영내역에 따라서 이자, 배당, 양도소득 등으로 구분하여 과세(공익신탁의 이익은 제외)하고 있다.

2. 신탁재산과 관련된 재화 또는 용역을 공급하는 때에는 수탁자가 신탁재산별로 각각 별도의 부가가치세 납세의무자이다.

MEMO. ▶

343

8 - 2.
8 - 3. ◀
8 - 4.

코인을 이용하면 절세에 유리할까?
수익자 연속신탁을 이용한 절세, 과연 유리할까? ◀
장애인 신탁과 유언대용신탁의 장점은 무엇일까?

신탁 관련 상속세 세미나를 듣던 강 교수는 최근 장애인 신탁과 유언대용 신탁에 관심이 많은데 지적장애를 갖고 있는 막내 자식을 위해서라도 꼭 신탁을 활용하겠다는 생각을 하고 있다. 그나마 모아 놓은 재산을 신탁에 맡겨야 본인의 생각대로 상속재산이 배분되는 효과가 있을 것 같다.

장애인 신탁과 유언대용 신탁의 장점은 무엇일까?

8-4. ◀ SOLUTION

장애인 신탁은 5억 한도로 증여세를 비과세하기 때문에 일반 증여보다 유리하다. 단, 신탁 해지·만료일부터 1개월 이내 연장해야 증여세 추징이 되지 않으며 자익신탁으로써 장애인이 재산을 증여받고 본인을 수익자로 하여 신탁한 경우 증여세 신고기한까지 다음 요건을 모두 갖추어 신청하면 재산가액은 과세가액에 불산입 된다.

1. 자본시장과 금융투자업에 관한 법률에 따른 신탁업자에게 신탁되었을 것.

2. 해당 장애인이 신탁의 이익 전부를 받는 수익자일 것.

3. 신탁기간이 해당 장애인이 사망할 때까지로 되어 있을 것.
   다만, 장애인이 사망하기 전에 신탁 기간이 끝나는 경우에는 신탁 기간을 장애인이 사망할 때까지 계속 연장해야 한다.

반면, 타익신탁으로써 타인이 장애인을 수익자로 하여 재산을 신탁시 다음 요건을 모두 충족하면 장애인이 증여받은 신탁 수익은 과세가액에 불산입 된다.

1. 신탁업자에게 신탁되었을 것.

2. 장애인이 신탁 이익 전부를 받는 수익자일 것.
   (장애인 사망시 그 후의 잔여재산에 대해서는 그러하지 아니한다.)

3. 3가지 내용이 신탁계약에 포함되야 한다. 내용으로는 장애인 사망 전에 신탁이 해지·만료시 잔여재산이 장애인에게 귀속될 것, 장애인 사망 전에 수익자를 변경할 수 없을 것, 장애인 사망 전에 위탁자 사망시 그 지위가 장애인에게 이전될 것 등이다.

8-4. ◀ SOLUTION

이때 장애인이란 장애인복지법에 따른 장애인 및 장애아동 복지지원법에 따른 장애아동 중 발달 재활서비스를 지원받고 있는 사람과 국가유공자 등 예우 및 지원에 관한 법률에 의한 상이자 및 이와 유사한 사람으로서 근로 능력이 없는 사람, 그리고 항시 치료가 필요하는 중증 환자(의사의 증명서 필요)를 말한다. 특히 즉각적인 의사결정이 어려운 지적장애인의 경우에는 신탁이 더욱 중요할 수 있다.

또 다른 신탁으로는 수익자를 특정하는 유언대용 신탁이 있다. 유언대용 신탁이란 위탁자가 생전에 수익자로서 신탁으로 이익을 챙길 수 있으며, 사망하는 경우에는 사후에 재산 관리 설계를 할 수 있도록 상속인을 지정하여 수익권 등 상속재산의 배분을 하는 금융상품이다.

본인의 의사를 반영하여 진행하기 때문에 그 실질은 유증이나 사인증여와 유사하게 볼 수 있으며 신탁상품에서 많이 활용되고 있다. 그렇기에 생전에 신탁을 설정함으로 재산을 분배할 때, 공증 절차 없이 유언장 작성의 효과를 가지며 유언은 유언자 의사만으로 철회나 변경이 쉬운 반면 신탁계약에서 정한 방법으로만 가능하여 재산 분배에 대한 효과가 더 강력하다.

최근 대법원 판례로 상속인이 사망한 후 사후수익자로 지정되지 않은 상속인들이 수탁자 겸 단독 사후수익자에 대하여 유언대용 신탁의 무효를 주장하며 유류분 반환 소송을 제기하였지만 대법원은 상고이유를 받아들여 원심을 파기 환송하는 판결(유효)을 내렸다.

▶ [예규 판례. 대법원 2022다307294 판결(2024.04.16)]

Q. 유언대용신탁에서 생전 수익자를 위탁자로, 사후 유일한 수익자를 수탁자로 정한 경우의 효력

A. 유언대용신탁에서 위탁자가 사망한 후 유일한 수익자를 수탁자로 정한 부분이 무효가 되는 경우 나머지 부분, 즉, 위탁자가 사망하기 전 수익자를 위탁자로 하여 수탁자로 하여금 신탁재산을 관리 또는 운용하도록 하는 부분의 효력은 원칙적 유효.

[응용편]

솔루션 9.

택스케어 상속증여 솔루션

해외로 나간다고 상속·증여세가 무조건 줄어드는 것은 아니다.

박 교수는 해외에서 박사 과정을 마치고 서울에서 교수를 하고 있다. 해외 유학 시절 태어난 큰딸 역시 현재 해외에서 박사 과정을 마치고 결혼하여 정착하고자 하는 것 같아 조금이나마 보탬이 되고 싶다. 고민 끝에 국내에 보유 중인 상가와 해외 부동산을 증여하려고 하는데 외국 국적인 데다 한국에서 살지 않는 딸도 한국 세법에 따라 증여세를 내는지 궁금하다.

해외 거주자인 자식에게 부동산을 증여할 때 증여세를 내야 할까?

9-1.

9-1. ◀ SOLUTION

해외에 살고 있는 자녀에게 증여세가 과세되지 않는 경우는 부모와 자녀 둘 다 비거주자인 경우다. 거주자, 비거주자의 구분이 중요한 것은 어느 나라의 세법의 적용을 받는지에 대한 기준이 되기 때문이다. 실질적인 내용을 따라 1차적으로 판단할 때 거주자란 국내에서 주소를 두거나 183일 이상 거소를 둔 사람을 말한다.

부모(증여자)가 국내 거주자인데 자녀(수증자)가 비거주자인 경우에는 증여재산이 국내 재산인지 국외 재산인지에 따라 다르다. 국내 재산인 경우 증여세 과세 대상으로 자녀가 증여세를 내야하고 국내에 거주하는 부모가 연대하여 납부할 의무가 있다. 원래 증여세는 받는 사람이 내는 것이지만 해외에 있기 때문에 부모가 증여세를 자녀 대신 내 줄 수 있다는 의미이다.

참고로 국제조세조정에 관한 법률 제35조 국외 증여에 대한 증여세 과세특례에 따라 거주자가 비거주자에게 국외에 있는 재산을 증여하는 경우 증여자에게 증여세 납부의무가 있다. 외국 법령으로 납부한 증여세가 있으면 외국 납부 세액공제를 받을 수 있다. 예외적으로 비특수관계인에게 증여한 국외 재산이 외국 법령으로 증여세 부과가 된 경우에는 증여자는 납세의무를 지지 않는다.

그렇기 때문에 한국 세법상 거주자냐 비거주자냐 라는 문제는 정말 첨예한 문제이다. 거주자가 비거주자로 되는 시기는 주소나 거소의 국외 이전을 위하여 출국하는 날 또는 국외에 거주나 근무하는 자가 외국 국적을 가졌거나 영주권을 얻은 자로 국내에 생계를 같이하는 가족이 없고 다시 국내에서 거주하지 않을 것으로 보는 사유 발생한 날의 다음 날로 보고 있다.

형식적인 요건 보다는 생활 근거지가 어디냐는 실질적인 내용에 따라 거주자 판단을 내린다. 다시 말해, 형식적 요건인 183일 이상을 해외에 있었다고 해도 가족이 한국에 있었고 한국에서 번 돈으로 해외에서 생활을 했다면 거주자로 인정될 가능성이 크다.

사례로 돌아가서 박 교수 딸이 박 교수의 지원으로 박사 과정을 마친 부양가족으로서 한국 거주자라면 국내 부동산이든 해외 부동산이든 모두 증여세가 과세되지만 박사과정부터 해외에서 스스로 돈을 벌어 그 나라 법에 따라 세금신고를 하고 있다면 비거주자일 수 있다. 이때는 증여재산이 국내냐 국외냐에 따라 과세 문제가 달라진다.

국내 재산을 증여하는 경우에는 비거주자인 박 교수 딸에게 증여세 납부 의무가 있다. 비거주자이기 때문에 박 교수가 대신 내줄 수는 있다. 해외 비거주자에게 증여세를 받기 어렵기 때문에 증여자는 수증자가 납부할 증여세를 연대하여 납부할 의무가 있는 것이다. 국외 재산을 증여하는 경우에는 국제조세조정에 관한 법률에 따라 박 교수가 증여세 납부의무를 진다.

9-1. ◀ SOLUTION

이런 경우 딸이 외국 법령에 따라 증여세가 과세되어 증여세를 납부하였으면 박 교수의 증여세 산출 세액에서 외국 납부세액 공제로 한도 내에서 적용할 수 있도록 이중과세 방지를 규정하고 있다.

만일, 박 교수와 딸이 둘 다 비거주자이고 해외 부동산을 준다면 과세 대상으로 보지 않는다. 비거주자가 비거주자에게 국외 재산을 증여하는 경우에는 납세의무를 지게 할 규정이 없으며 우리나라 과세제도와 연관이 없다고 볼 수 있다.

[표53. 증여자와 수증자의 거주자, 비거거주자 증여세 사례]

국내자산

구 분	자녀(수증자)가 거주자	자녀(수증자)가 비거주자
부모 (증여자)가 거주자	증여세 자녀가 납부해야 (수증자납세의무)	증여세 부모가 납부가능 (증여자 연대납세의무)
부모 (증여자)가 비거주자	증여세 자녀가 납부해야 (수증자납세의무)	증여세 부모가 납부가능 (증여자 연대납세의무)

해외자산

구 분	자녀(수증자)가 거주자	자녀(수증자)가 비거주자
부모 (증여자)가 거주자	증여세 자녀가 납부해야 (수증자납세의무)	증여세 부모가 납부가능 (증여자 연대납세의무)
부모 (증여자)가 비거주자	증여세 자녀가 납부해야 (수증자납세의무)	없음

오랜만에 동창회를 나간 오 사장은 최근 동창이 상속세 부담이 싫어서 미국으로 이민을 갔다고 들었다. 한국에서 젊은 시절부터 사업을 해왔고 부모님이 재산이 그렇게 많은 것 같지도 않은 김 사장은 당장 이민을 생각하지는 않고 있지만 진짜 이민가면 상속세가 줄어드는지 궁금하긴 하다.

이민 가면 한국에서 상속세가 줄어들까?

9-2. ◀ SOLUTION

고액 자산가들이 상속세 부담으로 이민을 고려하는 것은 어찌 보면 당연할 수 있다. 현재 우리나라의 상속세 최고세율은 OECD 주요 국가에서 50%로 2위를 차지하고 있기 때문이다. 상속세 최고세율을 40%로 완화하겠다는 세법개정안이 발표되기는 했지만 이탈리아(4%), 스위스(7%) 등, 그 밖의 상속과세가 없는 나라에 비하면 높은 것이 사실이다.

그렇다고 해외로 이민을 간다고 한국에서 상속세가 줄어들까? 이는 피상속인이 거주자인지 비거주자인지에 따라 달라진다. 증여세의 경우에는 받는 사람(수증자)의 거주자·비거주자 유무가 중요한 것과 차이가 있다.

피상속인이 거주자이면 국내와 해외 모든 재산에 대해서 상속세를 낸다. 반면 비거주자이면 국내 재산에 대해서만 상속세를 과세한다. 거주자는 기초공제 2억 원에 인적공제가 3억 원이 안 될 경우 일괄적으로 5억 원을 적용하는 데 반해 비거주자는 추가 3억 원 없이 오직 기초공제 2억 원만 공제하고, 장례비 공제, 배우자 공제, 금융 상속공제, 동거주택상속공제 등도 없다.

기사에 따르면 영국은 32만 5천파운드(약 5억 7천만 원)가 넘는 자산을 물려받는 사람에게 초과분의 40%를 상속세로 부과한다고 한다. 한국은 2024년 기준으로 일괄공제 5억 원과 배우자공제 5억 원 등을 공제하고 최고 50%의 세율을 적용한다. 영국과 한국은 고액자산가가 이민을 떠나는 국가 2위와 4위를 차지하였다.

▶ 해외로 나간다고 상속·증여세가 무조건 줄어드는 것은 아니다

그림에서 고액자산가들이 이민을 많이 가고 있는 아랍에미리트(UAE), 싱가포르, 캐나다, 호주 등에는 상속세가 없다고 한다. 고액자산가 순유입 2위 국가인 미국은 상속세가 있지만, 공제 한도가 1170만 달러(약 160억 원)로 매우 높아 상속세 부담이 적다. 즉 상속세 부담이 없거나 적은 국가로 이민을 가는 게 어느 정도는 사실로 판단된다.

9-2. ◀ SOLUTION

[표54. 피상속인의 거주자, 비거주자 과세 대상과 상속공제 차이]

구분	부모(피상속인)이 거주자	부모(피상속인)이 비거주자
과세대상	국내, 해외 모든 재산	국내 모든 재산
기초공제	2억원 + 기타인적공제	2억원
일괄공제 적용 여부	○	×
배우자상속공제	5억원부터 30억원까지	×
장례비공제	○	×
금융재산상속공제	○	×
동거주택상속공제	○	×
가업상속공제	○	×

▶ 해외로 나간다고 상속·증여세가 무조건 줄어드는 것은 아니다

[표55. 고액자산가 유입, 유출 국가 예상순위]
출처: https://www.hankyung.com/article/2024080532291

	고액 자산가 순유입 상위 10개국 (단위:명)			고액 자산가 순유출 상위 10개국 (단위:명)	
1위	아랍에이리트	6,700	1위	중국	1만 5,200
2위	미국	3,800	2위	영국	9,500
3위	싱가포르	3,500	3위	인도	4,300
4위	캐나다	3,200	4위	한국	1,200
5위	호주	2,500	5위	러시아	1,000
6위	이탈리아	2,200	6위	브라질	800
7위	스위스	1,500	7위	남아공	600
8위	그리스	1,200	8위	대만	400
9위	포루투갈	800	9위	나이지리아	300
10위	일본	400	10위	베트남	300

※ 100만 달러이상의 투자 가능 자산을 보유한 개인 기준 / 자료:헨리앤파트너스

9-2. ◀ SOLUTION

▶ [예규 판례. 심사상속99-0291 (1999.09.03)]

Q. 국외이주자인 피상속인이 일시 입국하여 사망시 비거주자 판단 여부

A. 피상속인이 귀국 후 영주권 포기 및 주민등록절차를 이행하지 아니하였더라도 귀국이 영주목적으로 판단되는 경우 거주자로 보아 기초공제 및 배우자공제를 적용하는 것이 타당함.

▶ [예규 판례. 조심-2018-중-0812 (2018.05.23)]

Q. 피상속인이 비거주자에 해당하는 것으로 보아 일괄공제 및 배우자공제 등을 배제하고 기초공제만을 적용하여 상속세를 과세한 처분의 당부

A. 피상속인이 국적을 회복한 이후 국내에서 발생한 소득만으로는 국내에서 생계를 유지하기는 어려워 보이는 점, 피상속인이 주소로 전입신고한 주택은 다세대 지하빌라로 10평 내외로 협소하여 두 가족이 독립적으로 생활할 수 있는 장소로 보기엔 곤란한 것으로 보이는 점 등에 비추어 피상속인을 비거주자로 보아 이 건 상속세를 과세한 처분은 달리 잘못이 없음.

▶ 해외로 나간다고 상속·증여세가 무조건 줄어드는 것은 아니다

MEMO. ▶

해외 거주자인 자식에게 부동산을 증여할 때 증여세를 내야 할까?
이민 가면 한국에서 상속세가 줄어들까? ◀

[응용편]

솔루션 10.

택스케어 상속증여 솔루션

상속·증여 신고는 반드시 세무조사를 하니 미리 대비하자.

경기도에서 치과를 하는 이 원장은 6개월 전에 사업을 크게 하시던 아버지가 돌아가신 후 매주 수요일 휴진하는 날마다 상속세 자료 준비와 추정상속재산 소명에 많은 시간을 쓴 결과 오늘 상속세 신고를 드디어 마쳤다. 그런데 상속세 신고를 이렇게 성실히 했는데 상속세 세무조사가 나오는 건지 궁금하다.

상속세 세무조사는 무조건 나오는 걸까?

10-1. ◀ SOLUTION

부가가치세와 종합소득세는 신고하면 국세청은 일단 성실하게 신고한 것으로 본다. 탈세 혐의 등의 사유가 발생해야 세무조사가 시작된다. 반면, 상속세와 증여세는 신고했다고 해서 세금이 확정되는 것이 아니다. 상속세와 증여세는 신고했건 안 했건 국세청이 확인해서 결정하고 고지하는 세금이다. 그리고 이런 확인 과정을 세무조사라고 한다.

보통 상속세나 증여세는 신고서를 접수한 관할 세무서(피상속인의 주소지 관할 세무서)의 재산세과에서 진행하지만 상속재산 가액이 30억 원 이상이라면 각 관할 지방국세청 조사국에서 조사를 하는 것으로 알려져 있다. 30억 원이 넘지 않고 검토할 사항이 적은 경우 관할 세무서 재산세과에서 조사를 진행한다.

상속재산이 소액이면서 최근 재산을 처분한 사실이 없거나 별다른 금융거래 내역이 없다면 관할 세무서 신고팀에서 자료처리를 하고 종결하는 경우도 있다. 이런 경우에는 특별히 세무조사 절차 없이 신고한 상속세가 확정되기도 한다.

지방국세청에서 조사를 하면 보통 3개월 이상인 반면 일선 세무서 조사는 통상 2개월 이내이다. 금융재산 조회와 분석에 시간이 걸리기 때문이다. 지방국세청은 10년 이내 금융거래 내역을 모두 조회하고 분석하는 반면, 일선 세무서는 주로 2년 이내 거래내역을 중점적으로 살펴본다. 부동산 재산가액이 높으면 금융재산 거래내

▶ 상속·증여 신고는 반드시 세무조사를 하니 미리 대비하자.

역도 많기 마련이기 때문에 부동산과 금융재산을 합친 금액이 높을수록 상속세 조사 기간이 길어진다고 생각하면 된다.

구체적으로 절차를 살펴보면, 상속세 조사 시기 신청제도로부터 시작된다. 세무조사 시기를 상속인들이 정할 수 있도록 신청서가 사전 안내문을 통해 시기를 표시해서 보내면 비슷한 시기에 상속세 신고 사전통지서를 받게 된다. 상속개시일 이후 6개월 안에 신고하고, 신고 후 9개월 안에 조사를 실시하지만, 최근에는 상속세 신고 증가로 인해 조사가 지연되고 있다.

사전 통지서는 등기우편으로 오는데 모든 상속인이 각각 받게 된다. 조사통지서에는 언제부터 언제까지 누가 조사를 하는지가 표기되어 있고 세무조사 안내책자, 납세자권리헌장, 위임장, 청렴서약서, 납세자권리헌장 수령 및 낭독확인서가 함께 동봉해서 온다.

조사 담당자마다 조금씩 다르기는 하지만 일반적으로 조사를 시작할 때 상속인이 방문하도록 요청한다. 이날 납세자권리헌장 낭독하는 것을 듣고 낭독확인서에 서명하고, 청렴서약서에도 날인한다. 위임장은 세무 대리인을 선임해서 제출한다.

이후 자료 요청을 받으면 세무 대리인이 작성해서 이메일로 제출하는데 법인세나 종합소득세 통합 조사와 달리 현장 방문은 없고 대부분 재산 변동에 대한 증빙자료와 통장 내역 등을 주고받으며 소명을 한다.

조사가 끝나면 확인서를 작성해서 제출한다. 추정상속재산 중에 미입증된 금액에 대해서 증여를 인정해야 한다. 조사가 종결되면 조사결과통지서를 받고, 연부연납이나 물납하는 경우 다시 신청서를 작성해서 상속인 각각의 관할 세무서에 신청서를 제출한다. 이런 양식을 국세청 조사 사무 처리 규정이라고 하는데 다음과 같다.

MEMO ▶

상속세 세무조사는 무조건 나오는 걸까? ◀
부동산을 구입하면 자금출처 세무조사가 무조건 나올까?

[문서1. 세무조사사전통지서]

■ 국세기본법 시행규칙 [별지 제54호서식] <개정 2022. 3. 18.>

국세청

행정기관명

수신자
제 목 세무조사 사전 통지

귀하(귀사)에 대한 세무조사를 실시하기에 앞서 아래와 같이 알려드립니다.

(근거: 「국세기본법」 제81조의7제1항 및 같은 법 시행령 제63조의6)

납세자 또는 납세관리인	상 호 (성 명)		사업자등록번호 (생 년 월 일)	
	사 업 장 (주소 또는 거소)			
조사대상 세목				
조사대상 과세기간 (자료요청 대상기간)		년 월 일 ~ 년 월 일		
조 사 기 간		년 월 일 ~ 년 월 일		
조 사 사 유				
조사 제외 대상	세목:	과세기간:	범위:	
부분조사 범위				

만약 귀하(귀사)에게 「국세기본법 시행령」 제63조의7제1항에 해당하는 사유가 있으면 세무조사의 연기를 신청할 수 있습니다.

※ 「국세기본법 시행령」 제63조의7제1항에 해당하는 사유

1. 화재, 그 밖의 재해로 사업상 심각한 어려움이 있을 때
2. 납세자 또는 납세관리인의 질병, 장기 출장 등으로 세무조사를 받기 곤란하다고 판단될 때
3. 권한 있는 기관에 장부, 증거서류가 압수되거나 영치되었을 때
4. 제1호부터 제3호까지의 규정에 준하는 사유가 있을 때. 끝.

발 신 명 의   [직인]

이 통지에 대한 문의 사항 또는 조사 시작 전 세무조사 연기신청 등에 관한 궁금한 사항은 ○○○과 담당자 ○○○(전화:)에게 연락하시기 바라며 조사 시작 이후 세무조사와 관련하여 불편·애로 사항이 있을 때에는 납세자보호담당관 ○○○(전화:)에게 연락하시면 친절하게 상담해 드리겠습니다.

기안자 직위(직급) 서명	검토자 직위(직급)서명	결재권자 직위 (직급)서명
협조자		
시행 처리과-일련번호(시행일자)	접수	처리과명-일련번호(접수일자)
우 주소	/ 홈페이지 주소	
전화( ) 전송( )	/ 기안자의 공식전자우편주소	/ 공개구분

210mm×297mm[일반용지 70g/㎡(재활용품)]

[문서2. 위임장]

■ 조사사무처리규정 [별지 제13호 서식](2024.06.10 개정)

위 임 장 (2-1)

○ 성 명 :   ○ 전화번호 :

○ 생년월일 :   ○ 사업자등록번호 :

○ 사업장소재지(주소) :

○ 자 격 :   ○ 관 계 :

(기장대행, 세무조정, 고문, 사외이사 등)

상기 세무대리인에게   지방국세청(세무서)에서 202 . . .부터 202 . . . 까지 실시하는   조사와 관련하여 「국세기본법」 제81조의5에 따른 "조사에 참여하거나 의견을 진술할 수 있는 권한"을 위임합니다.

년 월 일

위 임 자

사업장소재지(주소) :

법인명(상 호) :

사업자(주민)등록번호 :

대표자(성 명) :   ㉑

지방국세청장(세무서장) 귀하

첨부 : 자격증 사본 각 1부.

※ 세무조사에 참여하거나 의견을 진술할 세무대리인은 이 위임장을 조사과
  (전화 :   )로 제출하여 주시기 바랍니다.

[문서3. 납세자권리헌장 등 수령 및 낭독 확인서]

■ 조사사무처리규정 [별지 제1-1호 서식]

납세자권리헌장 등 수령 및 낭독 확인서

귀 청(서)에서 202 . . 부터 202 . . 까지 실시하는 　　 조사와 관련하여 국세기본법 제81조의2 제2항 및 제81조의7 제1항에 따라 교부한 아래의 서류를 수령하고 조사공무원으로부터 납세자권리헌장을 낭독받고, 조사사유, 조사기간, 제81조의18 제1항에 따른 납세자보호위원회에 대한 심의 요청사항·절차 및 권리구제 등 납세자 권익보호 절차에 대해 설명 받았음을 확인합니다.

1. 세무조사 (사전)통지
2. 납세자권리헌장

교부장소	서울 종로 종로5길 86 서울지방국세청
	(사유) 사업장 폐업으로 대표자 요청에 따라 직접 방문 수령 ※ 교부장소가 조사관서인 경우에만 사유를 기재

20 년 월 일

수 령 인
　소재지(주　소) :
　법인명(상　호) :
　E-Mail(이메일주소) :
　전화번호 :
　대표자(성　명) :　　　　　㊞

청(서)장 귀하

(조사팀 :　　　　)

[문서4. 확인서]

■ 조사사무처리규정 [별지 제40호 서식](2024.06.10 개정)

확 인 서

확인자	성 명		주민등록번호	
	주 소			
	관 계			
소속 회사	법인명 (상호)		사업자등록번호	
	소재지		대표자 성명 (주민등록번호)	

< 확 인 사 실 > (작성예시)

1. 본인은 건축자재를 수입하여 판매하는 ㈜○○상사의 대표이사로서 '00. 0. 0.부터 현재까지 회사를 운영하고 있습니다.
2. 본인은 '00.0월 초순경 △△상사 대표 ○○○로부터 세금계산서 없이 대리석을 구입하고 싶다는 전화를 받고 ㈜○○상사 명의로 '00. 0. 00. 수입한 건축자재 중 일부인 대리석 100개(개당 단가 50만원)를 '00. 0. 00. 서울시 ○○구 ○○동 00-0에 있는 △△상사(대표 ○○○)에게 5천만원(부가가치세 제외금액)에 판매하였습니다.
3. 당초 거래를 할 때부터 세금계산서를 교부하지 않기로 했기 때문에 세금계산서를 발행하지 않고 매출로도 계상하지 못했으며, '00. 1기분 부가세 확정신고시에도 동 금액을 신고누락 하였습니다.
4. 매출누락한 대리석 100개는 당 법인의 상품수불부에 현재까지도 재고상품으로 계상되어 있고, 그 가액은 취득가액인 45백만원입니다.
5. 본인은 '00. 0. 00. ○○○로부터 위 대리석 매출대금 5천만원을 ○○은행 ○○지점에서 발행한 1천만원권 자기앞수표 5매(바가 12345671~12345675)로 수령한 후 '00. 0. 00. 본인 명의로 ○○은행 ○○지점에서 개설된 보통예금(000-000-000)에 입금하여 관리하고 있으며, 개인 생활비 등으로 사용하고 있습니다.

붙 임 : 1. 상품수불부(상품계정)
       2. 보통예금 거래내역

202 . . .

위 확인자

성 명 :   ㊞

세무공무원 귀하

[문서5. 조사결과 통지서]

■ 국세기본법 시행규칙 [별지 제56호서식] <개정 2021. 3. 16.>

🏛 국세청

행 정 기 관 명

수신자
제 목 세무조사 결과 통지

「국세기본법」 제81조의12 및 같은 법 시행령 제63조의13에 따라 귀하(귀사)에 대한 세무조사 결과 등을 아래와 같이 알려드립니다.

1. 조사대상자

상 호 (성 명)		사업자등록번호 (생 년 월 일)	
사업장 (주 소)			

2. 세무조사 결과

① 조사대상 (세목: 연도: 기분:)

조사한 내용

② 예정 고지일 및 납부기한

예정 고지일	예정 납부기한

③ 결정 또는 경정할 내용(예상 총 고지세액: 원)
※ 지방소득세 및 소득금액 변동 관련 세액 별도   (단위: 원)

세 목	연도	과세표준		산출세액		가산세액	예상 고지세액
		신고(당초)	결정(경정)	신고(당초)	결정(경정)		

④ 과세표준·세액의 결정 또는 경정 사유 및 산출근거   (단위: 원)

세목	연도	항목 (과목)	결정·경정 대상금액	결정·경정 사유 (구체적 사실관계)	소득처분	근거법령 (조항)	가산세	
							일반	부당

[문서5. 조사결과 통지서]

2. 세무조사 결과

⑤ 소득금액 변동 명세(「법인세법」에 따른 소득처분) (단위: 원)

소득종류	귀속자		귀속연도	소득금액	원천징수 예상세액	수정신고·납부기한
	성명	생년월일				
						소득금액변동통지를 받은 날의 다음 달 10일

3. 세무조사 결과통지에 대한 권리구제 절차 등

① 이 통지 내용에 이의가 있으면 이 통지서를 받은 날부터 **30일 이내에 과세전적부심사청구**를 할 수 있으며, 과세전적부심사청구를 하지 않을 때에는 조기결정신청서(「국세기본법 시행규칙」 별지 제56호의4서식)를 제출하면 즉시 결정·고지를 받게 되어 가산세 부담을 줄일 수 있습니다.

② 「**조세범 처벌법**」 위반으로 고발 또는 **통고처분**하거나 세무조사 결과 통지일부터 국세부과제척기간의 만료일까지의 기간이 **3개월 이하**인 경우 등에 해당되면 과세전적부심사 청구대상에서 제외됩니다(근거: 「국세기본법」 제81조의15제3항).

③ 과세전적부심사 결정이나 조기결정신청서 제출에 따른 고지에 대해 다시 이의가 있으면 납세고지서를 받은 날부터 90일 이내에 「국세기본법」에 따른 불복청구 등을 할 수 있습니다.

④ 국세의 과세표준과 세액을 결정 또는 경정해 통지하기 전까지는 「국세기본법」 제45조에 따른 **수정신고와 납부가 가능**합니다.

⑤ 이 조사에 따라 향후 과세표준과 세액이 결정 또는 경정이 된 경우 「국세기본법」 제16조제4항에 따라 조사한 사실과 결정의 근거가 적힌 결정서의 열람 또는 목사를 구술(口述)로 요구할 수 있음을 알려드립니다.

붙임 1. 수입금액, 과세표준 및 세액과 가산세의 산출명세
  2. 조사 항목별 조사 결과 및 세무조사 결과 사후 관리할 사항. 끝.

발 신 명 의   [직인]

이 통지에 대한 문의 사항이 있을 때에는 ○○○과 담당자 ○○○(전화:)에게 연락하시면 친절하게 상담해 드리겠습니다.

기안자 직위(직급) 서명   검토자 직위(직급)서명   결재권자 직위 (직급)서명
협조자
시행   처리과-일련번호(시행일)   접수   처리과명-일련번호(접수일)
우   주소   / 홈페이지 주소
전화( )   전송( )   / 기안자의 공식전자우편주소   / 공개구분

210mm×297mm[백상지(80g/㎡)]

검사로 재직 후 서초동에서 변호사 사무실을 하는 김 변호사는 4년 전에 아버지 명의로 강남에 아파트를 구입하였다. 당시 이미 2주택을 보유 중인 김 변호사는 종합부동산세가 급격히 오르자 새로 이사 갈 집을 일단 아버지 명의로 사기로 결정을 했다. 변호사이니 부동산 자금출처에 대해서는 금전대차 계약서를 꼼꼼하게 작성하고 공증도 받아 놓았지만 그래도 자금출처 조사가 나오는지 궁금하다.

부동산을 구입하면 자금출처 세무조사가
무조건 나올까?

10-2. ◀ SOLUTION

강남에 집을 사면 무조건 세무조사가 나온다는 말이 있다. 물론 사실이 아니지만 자금출처 세무조사는 증여추정과 관련해서 나오기 때문에 어느 정도는 맞는 말일 수 있다.

증여추정이란 납세자가 증여가 아니라고 입증하지 못하면 증여세를 과세하는 규정이다. 예를 들어, 미성년자가 아파트를 본인 명의로 샀을 때 그 취득 자금에 대해서 증여추정을 하고 이때 만일 미성년자가 본인의 소득을 입증하면 증여세를 안 낼 수 있다.

사례에서 국세청은 아버지의 직업, 연령, 소득 및 재산 상태를 면밀히 검토한 다음 주택 구입 자금 중 아버지의 자금이 아닌 부분을 증여로 추정하고 자금출처 조사를 실시한다.

이때 아파트 취득 자금이 10억 원을 넘으면 2억 원까지 또는 10억 원 미만이면 취득자금의 20%까지는 증여추정을 배제한다. 강남의 아파트는 10억 원을 넘는 경우가 많기 때문에 증여추정으로 인해 세무조사가 나올 확률이 높을 수밖에 없는 것이다.

자금출처조사를 하다 보면 자주 적발되는 사례가 취득세, 부동산 중개수수료 등을 대신 내 주는 경우이기 때문에 아파트 구입 자금에 취득 부대비용인 취득세와 부동산 중개수수료까지 합산해서 자금출처 조사에 대비해야 한다.

▶ 상속·증여 신고는 반드시 세무조사를 하니 미리 대비하자.

이 외에도 국세청에서는 내부적으로 증여추정 배제 기준을 갖고 있다. 이 기준은 무조건 봐준다는 의미가 아니다. 확실히 증여로 의심될 만한 내역이 있다면 증여세를 과세한다.

표를 참고하면 만일 30세 미만인 자녀가 결혼하면서 주택을 구입하는데 5억 원이 들었다면, 자녀의 직업과 소득수준을 봐서 5천만 원에 대해서는 증여추정 대상으로 보지 않는다는 의미이다. 재산 취득일 전 또는 채무상환일 전 10년 이내에 주택과 기타재산의 취득가액 및 채무상환 금액이 각 기준에 미달하고, 주택취득 자금, 기타 재산 취득 자금 및 채무상환 자금의 합계액이 총액한도 기준에 미달하면 재산 취득자금의 증여 추정을 적용하지 않는다.

[표56. 재산취득자금 등의 증여추정 배제기준]

구 분	30세 미만	30세~40세 미만	40세 이상
주 택	5천만원	1억5천만원	3억원
기 타	5천만원	5천만원	1억원
채무상환	5천만원	5천만원	5천만원
총 한도	1억원	2억원	4억원

상속 조사 상담을 하러 온 직장인 김 과장은 상속세 신고는 했으나 이번에 나온 조사 때문에 골치가 아프다. 10년 치 계좌내역 출금 내역 중 의심스러운 부분들을 소명하라고 하는데 돌아가신 아버지께 여쭤볼 수도 없고 어머니도 잘 기억이 안 난다고 하신다. 이런 출금액에 대해서 소명을 못 하면 추정상속재산에 포함이 되어서 상속세가 늘어난다고 하는데 걱정이다.

추정상속재산 세무조사는 왜 힘들까?

10-3. ◀ SOLUTION

이 책의 들어가며에서 사례1에서 상속을 포기했음에도 추정상속재산에 대한 상속세가 나올 수 있다고 언급한 바 있다. 아버지가 돌아가시기 전 부동산을 팔거나 대출을 받았는데 의도적으로 은행 계좌에서 현금 인출을 해서 통장에 그 만큼의 현금이 남아 있지 않다면 상속재산은 줄어 들게 된다.

즉, 어디에 사용했는지 밝혀 지지 않으면 상속세를 회피할 수 있다. 이러한 변칙 상속행위를 막기 위하여 피상속인이 상속개시 전 2년 이내에 재산의 처분, 예금 인출, 채무부담을 한 경우에는 법령에서 정한 일정금액이 넘는 경우 상속인에게 그 사용처를 입증하도록 입증의무가 있는 것이다.

입증하지 못한 금액이 법령에서 정한 기준에 해당한다면 미입증 금액은 상속인이 현금으로 상속받은 것으로 추정하여 상속세 과세가액에 산입한다. 이를 '추정상속재산'이라고 하며 상속인들이 법정상속 비율로 안분하여 상속받는 것으로 본다. 상속 포기를 했더라도 미입증된 금액은 상속받은 재산으로 볼 수 있다.

2년이 경과한 거래는 추정상속재산으로 가산하는 문제와는 직접적인 연관이 없지만 명백한 증여성 자금흐름이 확인되는 경우 사전증여로 상속재산에 가산되기 때문에 10년 내의 금융거래 내역을 파악하는 것은 매우 중요하다. 특히, 자녀 결혼이나 주택마련 등의 이벤트가 있었다면 그 시점을 전후로 자금흐름을 꼼꼼히 체크해야 한다.

▶ 상속·증여 신고는 반드시 세무조사를 하니 미리 대비하자.

[추정상속재산 관련규정 개요]

1. 상속개시일 전 1년 이내에 재산을 처분하여 받은 금액이나 인출한 금액이 2억 원 이상인 경우로서 용도가 객관적으로 명백하지 아니한 경우.

2. 상속개시일 전 2년 이내에 재산을 처분하여 받은 금액이나 인출한 금액이 5억 원 이상인 경우로서 용도가 객관적으로 명백하지 아니한 경우.
   사례) 상속개시일이 2024년 5월 5일인 경우 1년 이내가 되는 날은 상속개시일 전날인 2024년 5월4일로부터 계산하면 2023년 5월 5일임.
   ★ 상속개시일 전 1년, 2년 이내 기간이란 민법에 따라 기간을 계산하여 초일은 산입하지 아니하고 기간의 만료일을 계산한다. (초일불산입)

3. 재산종류별로 1년 2억 원, 2년 5억 원에 미달하면 추정상속재산에서 제외
   사례) 1년 이내 2억 원 이상일지라도 ①이 1억5천만 원, ②이 1억5천만 원 으로 이루어진다면 재산종류별 2억 원 이상에 미달하여 사용처 규명 대상에 해당되지 않음.
   ① 현금, 예금 및 유가증권
   ② 부동산 및 부동산에 관한 권리
   ③ ① 및 ② 외의 기타 재산

4. 상속개시일 전 피상속인 부담채무
   피상속인의 금융기관 채무가 상속개시일 1년 이내 2억 원, 2년이내 5억 원 이상인 경우로서 사용처가 객관적으로 명백하지 아니한 경우 상속인이 변제할 의무가 있는 채무는 사용처 소명대상이 된다. 국가, 금융기관 등이 아닌 자에 대하여 부담한 채무로서 상속인이 변제할 의무가 없는 것으로 추정되는 경우에는 기간에 관계없이 채무로 인정받지 못 한다.

참고문헌

1. 이장원, 이성호, 박재영, 〈부의 이전〉, 체인지업, 2022.07.07
   3명의 공동저자 세무사들은 유튜브와 블로그를 통해서 독자들의 관심을 잘 파악하고 있다. 실무경험과 탄탄한 세법논리가 포함된 상속과 증여에 대한 백과사전 같은 책이다.

2. 허선민, 〈상속증여에 대한 당신의 착각〉, 지식공감, 2023.02.13
   오랜 금융기관에서의 실무경험을 바탕으로 상속인들에 대한 이해를 돕고자 하는 시각이 느껴지며 세무사들이 생각하지 못 한 다양한 절세비법을 잘 설명한 책이다.

3. 고경희, 〈2024 아는 만큼 돈 버는 상속증·여세 핵심절세 노하우〉, 더존테크윌, 2024.03.11
   24년간 국세청의 오랜 경험을 통해 다양한 주제를 Q&A 형태로 쉽게 설명한 책이다. 합법적으로 절세할 수 있는 다양한 방법이 소개되어 있다.

4. 신방수, 〈신방수세무사의 가족법인 이렇게 운영하라〉, 매일경제신문사, 2023.03.25
   가족법인의 설립부터 운영까지 절세안과 함께 Q&A 방식으로 잘 정리되어 있다.

5. 강민정, 〈혼자서 터득하는 상속세 및 증여세 실전가이드(2023)〉, 2023.05.26
   상속세와 증여세에 대해 자습서처럼 기본적인 이론과 사례가 잘 정리되어 있다.

참고문헌

6. 송경학·김동현, 〈현직세무사가 알려주는 자산관리 절세비법(2021)〉, 2021.10.07
   세법 기초부터 어려운 절세수단까지 체크리스트 등을 활용하여 간결하게 소개되어 있다.

7. 국세청, 〈상속·증여 세금상식〉, 국세청, 2023.04.28

8. 국세청, 〈상속·증여 세금상식Ⅱ〉, 국세청, 2024.06.04

9. 이형훈 세무사 전문가컬럼, 이택스코리아
   https://www.etaxkorea.net/

10. 김범주기자, [2024한국부자] 상속·증여? "가족법인 주목하라"
    https://news.dealsitetv.com/news/articleView.html?idxno=116817

11. 조영주변호사, 30억 넘게 상속? 5년간 세무조사 대비해야[상속의 신]
    https://news.nate.com/view/20250105n02908

12. 유승호, 부자 떠나는 나라엔 기업·일자리도 사라진다
    https://www.hankyung.com/article/2024080532291

SOLUTION CALENDAR

SUN	MON	TUE	WED	THU	FRI	SAT

SUN	MON	TUE	WED	THU	FRI	SAT

SOLUTION CALENDAR

SUN	MON	TUE	WED	THU	FRI	SAT

SUN	MON	TUE	WED	THU	FRI	SAT

◀ SOLUTION CALENDAR

SUN	MON	TUE	WED	THU	FRI	SAT

SUN	MON	TUE	WED	THU	FRI	SAT

◀ SOLUTION CALENDAR

SUN	MON	TUE	WED	THU	FRI	SAT

SUN	MON	TUE	WED	THU	FRI	SAT

SUN	MON	TUE	WED	THU	FRI	SAT

SUN	MON	TUE	WED	THU	FRI	SAT

택스케어 상속증여 솔루션

부모님 뜻에 반하더라도
준비해야 하는 상속증여 10대 전략

[기본편] [응용편]

솔루션1.	솔루션2.	솔루션3.	솔루션4.	솔루션5.	솔루션6.	솔루션7.	솔루션8.	솔루션9.	솔루션10.
1-1.	2-1.	3-1.	4-1.	5-1.	6-1.	7-1.	8-1.	9-1.	10-1.
1-2.	2-2.	3-2.	4-2.	5-2.	6-2.	7-2.	8-2.	9-2.	10-2.
1-3.	2-3.	3-3.	4-3.	5-3.	6-3.	7-3.	8-3.		10-3.
1-4.	2-4.	3-4.	4-4.	5-4.		7-4.	8-4.		
1-5.	2-5.	3-5.	4-5.	5-5.		7-5.			
	2-6.	3-6.	4-6.	5-6.		7-6.			
	2-7.	3-7.	4-7.	5-7.					
		3-8.							

택스케어 상속증여 솔루션

부모님 뜻에 반하더라도
준비해야 하는 상속증여 10대 전략

ⓒ 이 책에 실린 글과 표를 포함한 정보를 무단 전제 또는 복제 할 수 없습니다.
잘못 제본되었거나 파손된 책은 교환해 드립니다.